新编21世纪职业教育精品教材

适用于婴幼儿照护类专业

U0795046

婴幼儿
家庭教养指导

主　编／艾桃桃　张文军　周琨武

副主编／方美红　黄伟君　潘　云　冼心媛

宋木子　韦松吟

参　编／黄丽婷　罗文莉　袁　媛　袁　果

张　筠　骆洁琳　谢陈玲　杨　涛

黄艳兰

中国人民大学出版社

·北京·

图书在版编目（CIP）数据

婴幼儿家庭教养指导 / 艾桃桃，张文军，周琨武主编. -- 北京：中国人民大学出版社，2024.1
新编21世纪职业教育精品教材
ISBN 978-7-300-31912-4

Ⅰ. ①婴… Ⅱ. ①艾… ②张… ③周… Ⅲ. ①婴幼儿－家庭教育－职业教育－教材 Ⅳ. ①G781

中国国家版本馆CIP数据核字（2023）第124468号

新编21世纪职业教育精品教材
适用于婴幼儿照护类专业
婴幼儿家庭教养指导
主　编　艾桃桃　张文军　周琨武
副主编　方美红　黄伟君　潘　云　冼心媛　宋木子　韦松吟
参　编　黄丽婷　罗文莉　袁　媛　袁　果　张　筠　骆洁琳　谢陈玲　杨　涛　黄艳兰
Yingyou'er Jiating Jiaoyang Zhidao

出版发行　中国人民大学出版社
社　　址　北京中关村大街31号　　　　邮政编码　100080
电　　话　010－62511242（总编室）　　010－62511770（质管部）
　　　　　010－82501766（邮购部）　　010－62514148（门市部）
　　　　　010－62515195（发行公司）　010－62515275（盗版举报）
网　　址　http://www.crup.com.cn
经　　销　新华书店
印　　刷　鑫艺佳利（天津）印刷有限公司
开　　本　787 mm×1092 mm　1/16　　　版　　次　2024年1月第1版
印　　张　11.25　　　　　　　　　　　印　　次　2024年1月第1次印刷
字　　数　215 000　　　　　　　　　　定　　价　32.00元

前言

办好教育事业，家庭、学校、政府、社会都有责任。党的十八大以来，习近平总书记多次强调，要“注重家庭、注重家教、注重家风”，“家庭是人生的第一所学校，家长是孩子的第一任老师，要给孩子讲好‘人生第一课’，帮助扣好人生第一粒扣子”。党的二十大报告将“幼有所育”作为深入贯彻以人民为中心的发展思想的重要内容，强调要在“幼有所育、学有所教”等方面持续用力。国家明确要求将指导家长合理开展家庭教养的工作纳入城乡公共服务体系，先后出台《中国儿童发展纲要（2021—2030年）》《全国家庭教育指导大纲》等一系列文件。为深入贯彻习近平总书记关于家庭家教家风建设的重要论述，推动我国家庭教养创新发展，全国妇联、教育部等11个部门共同印发了《关于指导推进家庭教育的五年规划（2021—2025年）》，进一步规范了家庭教养指导工作。

然而，当下很多家长或者看护者对家庭教养的重要性认识不够，导致我国家庭教养出现以下诸多问题：思想不重视，有的家长对家庭教养的目的、形式、内容等了解较少，错过孩子成长过程中的“关键期”；认识不到位，有的家长缺乏必要的教养知识和正确的教育办法；行为不规范，有的家长对孩子过于溺爱，科学育儿不够，包办代替过多，隔代教养弊端多；方法不得当，有的家长忽略孩子的个体差异，急功近利，使得孩子的个性得不到相应的发展。众所周知，家庭教养对于婴幼儿来说有着举足轻重的作用，家庭是婴幼儿生命的摇篮，是人出生后接受教育的第一个“课堂”，家长更是婴幼儿的第一任教师，对婴幼儿实施的教育最具有早期性。

婴幼儿家庭教养指导在婴幼成长发展中具有无可替代的作用，社会也对婴幼儿家庭教养提出了更高的要求。近年来，我国高度重视家庭教养在婴幼儿成长发展中的作用。2022年1月1日正式实施的《中华人民共和国家庭教育促进法》明确了家庭教养的定义，是指父母或者其他监护人为促进未成年人全面健康成长，对其实施的道德品质、身体素质、生活技能、文化修养、行为习惯等方面的培育、引导和影响。同时提出：父母或者其他监护人应当树立家庭是第一个课堂、家长是第一任老师的责任意识，承担对未成年人实施家庭教育的主体责任，用正确思想、方法和行为教育未成年人养成良好思想、品行和习惯。

本教材分为7个项目：婴幼儿家庭教养指导概述、0～1岁婴儿家庭教养指导、1～2岁幼儿家庭教养指导、2～3岁幼儿家庭教养指导、不同类型家庭婴幼儿家庭教养指导、0～3岁特殊儿童家庭教养指导、婴幼儿家庭教养指导的现状与发展。每个项目包含若干主题，内容丰富，逻辑清晰。同时，每个项目都提供相关的习题，帮助学生进行课后巩固。

本教材有以下几个鲜明的特点：

1. 课程思政，立德树人

本教材在教学内容中着重体现了课程思政的引领作用，在案例中全面贯彻社会主义核心价值观，践行立德树人的根本任务，在“学习目标”“热身思考”“任务探索”等栏目中融入社会主义核心价值观、专业认同与职业道德，体现“三全育人”的教育思想，使学生不仅掌握专业知识，更能形成良好的职业道德，成为具有良好师德规范和教养情怀的幼儿保育人才。

2. “岗课赛证”融通，理实一体

本教材结合婴幼儿照护类专业、学前教育专业学生需要掌握的各项照护技能，有机融入“1+X”证书考试相关要求，设计了“案例评析”“我的收获”等栏目，便于学生在实践中提升综合素养。

3. 以学生为本，通俗易懂

本教材充分考虑学生的认知特点和学习需要，内容简洁，表述通俗易懂，融入丰富的图表，设置了“同步练习”帮助学生加深对知识的理解，并加入大量家庭教养案例，使学生能够更加牢固地掌握家庭教养指导规律和方法。

本教材由广西幼儿师范高等专科学校的艾桃桃、张文军、周琨武担任主编，负责框架体例设定、策划审稿与组织协调工作，袁果、骆洁琳、张筠、谢陈玲、杨涛协助统稿完成。具体编写分工如下：项目1由宋木子、罗文莉共同完成，项目2、项目3由方美红完成，项目4由袁媛完成，项目5由潘云、冼心媛共同完成，项目6由黄丽婷完成，项目7由黄伟君、宋木子、罗文莉共同完成。韦松吟、黄艳兰等负责本书教学资源的编制与整理。

本教材为2018年度教育部人文社会科学研究一般项目“广西少数民族地区留守儿童管理体系建构研究”（18YJC880151）研究成果，2023年度广西高校中青年教师科研基础能力提升项目“家庭教育促进法下广西农村留守幼儿家庭阅读指导服务研究”（2023KY0988）研究成果，2023年度广西职业教育教学改革研究项目（GXZZJG2023B201）“基于OBE理念SPOC混合式教学在‘婴幼儿行为观察与分析’课程实践研究”的阶段性研究成果，广西幼儿师范高等专科学校2021年12月—2022年12月取得高级职称人员和获得博士学位人员科研项目“‘校企合作’理念下‘婴幼儿家庭教养指导’课程建设研究”（2023GCCRC09）阶段性研究成果。

编者在编写本教材的过程中参考和借鉴了国内外家庭教养方面的最新学术成果文献、资料以及诸多托幼园所一线教育工作者的实践经验总结，在此对这些作者表示由衷的感谢与深深的敬意。

由于编写时间仓促、编者经验有限，书中疏漏和不妥之处在所难免，敬请广大同行、专家、师生和读者批评指正。我们会不断提高和完善，为大家提供更优质、更全面的学习资料。

编者

2023 年 11 月

目录

项目1 婴幼儿家庭教养指导概述

学习目标

知识目标

了解婴幼儿家庭教养的概念、任务及指导途径。

能力目标

掌握并灵活应用婴幼儿家庭教养的原则与方法。

素养目标

树立科学的婴幼儿家庭教养观念，形成正确的教养态度。

思维导图

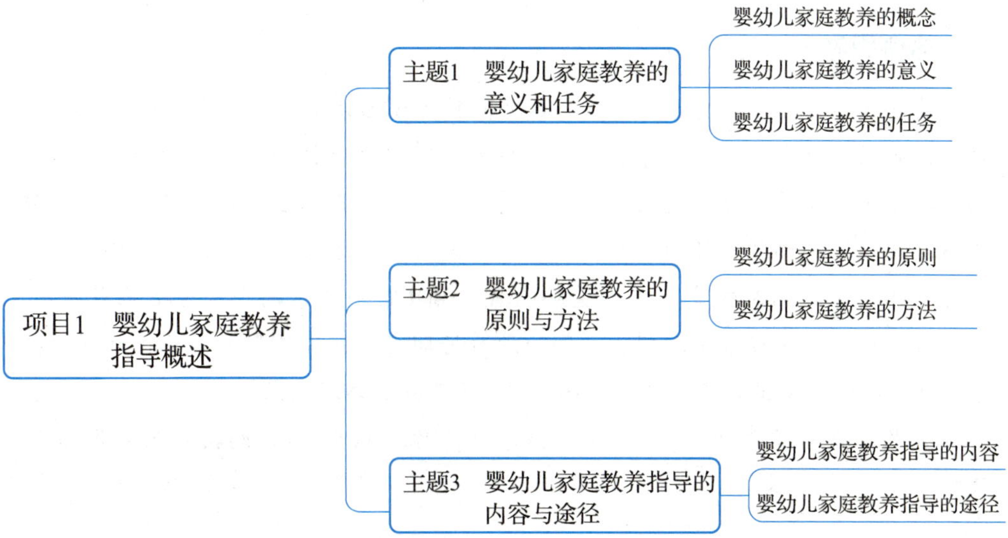

情境导入

琪琪今年2岁了，大多数时候都能独立吃饭，但是挑食，不喜欢吃蔬菜。为此，她的爸爸妈妈经常哄她吃、喂她吃，有时候没办法了也会强迫她吃，可即使是强迫琪琪吃到嘴里，下一秒她又会吐出来。为了这件事情，家人没少为她着急。再这样下去怎么行呢？琪琪妈妈下决心一定要改掉女儿挑食的毛病。要想纠正孩子挑食的问题，家长自己也不能挑食，于是琪琪妈妈要求全家相互监督，每一餐的每一样菜，每个人都要吃。周末时，爸爸和妈妈带着琪琪去外婆家的菜园看看菜是怎么长出来的，并让琪琪尝试浇水、摘菜。回到家后，让琪琪参与制作食物。当天晚上，琪琪破天荒地吃起了青菜！看到这一招挺灵，妈妈接着又想出更多的方法。比如，购买一些菜种回来，和琪琪一起种；在餐桌上玩游戏，把一个玻璃瓶倒放在餐桌中央，转动瓶身，瓶口指向哪个菜，大家就要赶紧吃那个菜；吃饭时，全家人都表现出对蔬菜极大的兴趣，边吃边称赞“真好吃!”；当琪琪吃了蔬菜，爸爸妈妈就会称赞琪琪是个不挑食的孩子……就这样，在全家人的努力下，琪琪喜欢上了吃蔬菜。

点评：从以上案例中，我们可以看到教养者言传身教、以身作则，为孩子树立了良好的榜样。作为教养者，想要培养孩子良好的行为习惯，首先自己要以身作则，给孩子树立良好的学习榜样，通过自己的言传身教潜移默化地熏陶、感染孩子。其次，良好习惯的养成要循序渐进、循循善诱。教养者要充分尊重婴幼儿的成长需要，尝试多种方法，及时鼓励，不强迫婴幼儿。

热身思考

佳佳2岁了，只喜欢自己玩，不喜欢和小朋友玩游戏，也不喜欢和别人说话。佳佳妈妈通过看书认识到孩子应该多交朋友，所以总是特别热情地拉着佳佳跟小朋友打招呼。佳佳不喜欢说话，妈妈看着着急，就会忍不住替佳佳说。如果佳佳不想玩游戏，妈妈就会替她参加，而佳佳总是默默地跟在后面。后来，妈妈发现佳佳自己一个人的时候竟然不知道玩什么，而且特别在乎别人是否把她当朋友。上托班之后，佳佳经常说不想去，因为没有好朋友。佳佳妈妈开始意识到强迫孩子交往已经给孩子造成了焦虑和不安，但是又不知道该怎么做。

如果你是一名婴幼儿家庭教养指导师，你会给佳佳妈妈提供哪些指导建议呢？

任务探索

任务探索1：请查阅资料，了解“家庭教育”与“家庭教养”的概念，概括出两者的区别与联系，并谈谈你对当前我国 0 ～ 3 岁婴幼儿家庭教养的认识。

任务探索 2：请收集生活中婴幼儿家庭教养指导的案例，并分析婴幼儿家庭教养指导师应当具备的素质。

主题 1　婴幼儿家庭教养的意义和任务

习近平总书记在 2018 年全国教育大会上的讲话指出：“办好教育事业，家庭、学校、政府、社会都有责任。家庭是人生的第一所学校，家长是孩子的第一任老师，要给孩子讲好‘人生第一课’，帮助扣好人生第一粒扣子。”家庭是人成长的根，家庭教育是一切教育的基础，家庭教育具有不可替代性。

一、婴幼儿家庭教养的概念

家庭教养，顾名思义，既有抚养之意，又兼具教育职能，反映的是家长在儿童成长中充当的角色。家庭教养是指父母在抚养、教育孩子的活动中通常使用的方法和形式。

“教育”和“教养”是有区分的。中国传统教育思想将“教养”理解为教育抚养，强调教育与抚养的结合，反对养而不教。教养和教育对儿童的关注点不同，前者主要侧重家长对儿童的生理保育，后者侧重家长作为社会文化的直接执行者对儿童的价值观念、态度体系和社会规范的传递与教导。家庭教养包括为孩子提供发展所必需的物质保障和精神保障。“养”是“教”的基础，“教”是“养”的目标、导向，在孩子的发展过程中，二者的作用是不能截然分开的。

从 0 ～ 3 岁婴幼儿身心发展的角度来看，家庭教养的作用在于促进婴幼儿身体、智力、情感、社会性等方面得到全面和谐的发展，实现每个婴幼儿享有生存、受到保护和得到护理、自母亲怀孕起就得到最佳发育的权利。

二、婴幼儿家庭教养的意义

家庭是孩子最早接受教育的场所，父母是孩子的第一任教师，家庭教养在孩子的成长过程中是不可或缺的。苏联教育家苏霍姆林斯基曾强调："没有家庭教养的学校教育和没有学校教育的家庭教养，都不可能完成培养人这一极其细致而复杂的任务。"随着我国《家庭教育促进法》的实施，家庭教养由旧时期的传统"家事"上升为新时代的重要"国事"。婴幼儿的成长要接受来自家庭、学校、社会三方面的教育，过去人们认为学校教育对人的影响起着主导作用，家庭教养和社会教育是学校教育的补充，而现在，家庭教养在教育体系中的重要性越发显现。

（一）婴幼儿家庭教养为婴幼儿发展奠定良好的基础

0～3岁婴幼儿的身体、智力、情感和个性等各方面刚刚萌芽。婴幼儿阶段主要的生活与受教育场所都在家庭，因而受到家庭教养的影响也更为突出，如果有适当的家庭生活环境，受到良好的家庭教养，那么婴幼儿的身体机能与潜力就能得到充分的发挥，为一生的发展奠定良好的基础。此外，婴幼儿父母不同的教养态度、教养方式以及教养能力都会对婴幼儿身心各方面的发展产生极大的影响。家长顺应婴幼儿身心发展规律，采取适宜的教养方法，将有效促进孩子体、智、德、美各方面的发展；反之，则会阻碍孩子的发展，甚至造成无法弥补的后果。也就是说，良好的家庭教养不仅有利于促进孩子身体发育，也有利于塑造性格、培养良好习惯、开发智力、发展语言、提高认知等，为婴幼儿全面发展打下良好基础。

（二）婴幼儿家庭教养为国家发展奠定人才基础

家庭教养是提高国民素质、培养创新人才的基础，良好的婴幼儿家庭教养关系到社会的进步和可持续发展。如今世界经济全球化向纵深发展，科技日新月异，人才竞争日趋激烈。经济的快速转变更加凸显出提高国民素质、培养创新型人才的重要性和紧迫性。联合国教科文组织在2010年召开的首届幼儿保育和教育大会上指出：在21世纪，各国财富取决于各国培养其人力资本的能力，而不再是物质财富……让所有婴幼儿在他们的生命之初享有平等、强大的幼儿保育和教育带来的益处，这符合所有人的最大利益。对婴幼儿在健康和关爱教育方面进行投入，能提高人口素质、减少社会差距，是能够产生最高回报率的社会投入，这已经为多个国家的实践所证实。家庭教养是教育的开端，关乎未成年人的健康成长和家庭的幸福安宁，也关乎国家发展、民族进步、社会稳定，优质的家庭教养正是培养新时代人才的重要根基。

（三）婴幼儿家庭教养有利于实施早期干预，弥补先天缺陷

婴幼儿家庭教养的开展有助于及时发现高危儿、脑瘫儿、自闭症等特殊婴幼儿，或在早期就表现出特殊心理障碍和行为问题的婴幼儿。对于这类婴幼儿早发现、早干预，实施有针对性的干预措施，能够治愈或减轻病症，为其后续发展奠定基础。

三、婴幼儿家庭教养的任务

婴幼儿家庭教养的任务包括健康、认知、情绪情感和社会性、审美四方面。

（一）健康教养任务

0～3 岁婴幼儿各方面的发展必须建立在身心健康的基础上，否则没有任何意义。因此，健康教养是婴幼儿家庭教养的重要组成部分，包括保护生命安全、保障基本生存需要、发展基本动作、刺激各感官的敏感性、增强体格和抵抗力、促进身体健康成长。0～3 岁婴幼儿的健康教养包括营养和喂养、卫生和保健、身体动作发展三个方面的教养。

1. 营养和喂养

营养和喂养主要是指日常生活护理中涉及日常饮食方面的工作，主要包括食谱编制、膳食制作方法、科学营养理念和喂养方法等内容。这部分内容是婴幼儿的主要看护人必须掌握的。在喂养过程中，一方面，要注意培养婴幼儿形成有规律地、定时定量进餐的习惯。另一方面，随着婴幼儿年龄的增长，要逐渐培养他们形成独立进餐的习惯；促进婴幼儿有规律地睡眠；引导婴幼儿养成良好的卫生习惯；增强婴幼儿的生活自理能力。

2. 卫生和保健

卫生和保健主要是指日常生活护理中涉及常见病防治和护理方面的工作，主要包括新生儿护理、计划免疫、生长发育监测、常见病症的防范和护理，以及婴幼儿衣着、活动、抚触、沐浴等其他日常生活的护理等。这部分内容也是婴幼儿的家长、早期教育机构的专职育婴人员、保姆以及其他主要看护人必须掌握的。

3. 身体动作发展

身体动作发展主要指对婴幼儿身体运动技能方面进行的系统训练活动，具体包括大运动技能的训练和精细动作技能的训练。其中，大运动技能的训练主要指头颈部、躯干和四肢等幅度较大的动作，如抬头、翻身、坐、爬、站、走、跳、独脚站立、上下楼梯、四肢活动、躯干平衡等各种运动能力的训练。精细动作技能的训练主要指手指的动作，以及手眼配合能力，如抓握、摇动、摆弄、拇指与食指对捏、握笔画、搭积木、穿扣眼、模仿画线、折纸、使用筷子等技能的训练。身体动作发展不仅有助于增强婴幼儿的体质、促进婴幼儿身体的正常发育，而且能够促进其脑部神经组织的发展，是大脑成熟的“催化剂”。

（二）认知教养任务

婴幼儿出生后，周围的世界中有大量丰富而又具体的物质刺激、自然现象及社会现象，家庭教养的首要任务是帮助婴幼儿尽可能多地识别并熟悉这些具体的物体刺激及现象，明确其中一些简单的关联性，使其更好地适应周围环境。

婴幼儿家庭认知教养的主要任务是指对婴幼儿的认知能力进行训练，丰富婴幼儿的知识经验，激发婴幼儿对周围环境和事物的探索、学习兴趣，发展婴幼儿的感觉、知觉和初步的思维能力，培养其喜欢动手、动口、动脑的习惯，促进其认知能力的发展。认知教养训练主要在于认知能力训练方面，主要包括感知、记忆、注意、思维和想象等各方面能力。由于 0 ～ 3 岁婴幼儿的典型思维方式是直觉行动思维，其思维过程以动作为核心，尤其在语言能力形成之前，个体的认知能力主要是以动作来表现的，因此认知教养与动作教养是分不开的。此外，0 ～ 3 岁婴幼儿的认知教养应当以感官教育为基础，注重积累具体直观的认知经验，从而为未来的抽象的认知经验的获得奠定坚实的基础。具体包括：发展婴幼儿的感知觉和初步的思维能力，学习辨别周围生活环境中的常见物，对物体的形状、冷热、大小、颜色、软硬以及时间、空间等明显的不同有初步的感受和认知体验，感知物体的简单的数，了解人、物、事之间的简单关系。

（三）情绪情感和社会性教养任务

情绪情感能唤起和组织人类认识和行为活动，是婴幼儿家庭教养中的一个重要的任务。家长应当学会识别婴幼儿表现出来的每一种情感类型，尊重婴幼儿的情感体验，并与婴幼儿进行积极的情感互动，保持婴幼儿愉快的情绪状态，使其建立安全感；抓住生活当中的关键事件，引导婴幼儿认识各种情感类型，学会采用适当的方式正确地表达与宣泄自己的情绪和情感，增强婴幼儿情绪情感的社会性。随着年龄的增长，婴幼儿能够逐渐学会感知他人的情绪，并能够做出相应的反应或者采取相应的对策。1 岁左右幼儿开始学会观察别人的情绪，并以此来作为自己行为的参考；2 岁左右幼儿能够准确识别别人的情绪，并能够采取相应的回应对策。

社会性是指个体在其生物特性的基础上，与社会生活环境相互作用，逐渐掌握社会规范，形成社会技能，学习社会角色，获得社会性需要、态度、价值，发展社会行为，并以独特的个性与他人相互交往、相互影响，适应社会环境，由自然人发展为社会人的社会化过程中所形成的心理特征。在婴幼儿社会性教养中，需要引导其认识自己、初步掌握基本的交往技能。如，引导婴幼儿逐渐了解自己和自己的家人，知道自己的姓名、性别、年龄，知道父母的姓名；培养婴幼儿的自我意识和独立性，引导婴幼儿由需要成人细心照料、完全听从父母的安排，发展到主动表达自己的需求，不断提升婴幼儿的独立性和自我服务的能力；引导婴幼儿由最初的无目的性，发展到做事情具有一定的计划性和坚持性，遇到困难能主动寻求帮助或克服困难完成任务；帮助婴幼儿建立与父母之间和谐的亲子关系，形成健康的依恋和信赖关系，培养他们的安全感；引导婴幼儿逐渐与同伴一起玩耍、友好交往，学会使用基本的文明礼貌用语。

想一想

如今流行一个词“鸡娃”，指的是父母给孩子“打鸡血”，为了孩子能读好书、考出好成绩，不断给孩子安排学习和活动，不停让孩子去拼搏的行为。请问：你如何看待这种现象？

（四）审美教养任务

婴幼儿家庭审美教养的主要任务是：引导婴幼儿感受美，启发婴幼儿表现美，鼓励婴幼儿创造美，塑造婴幼儿美的心灵。在对婴幼儿进行审美教养的时候，家长尤其要重视让孩子用自己的眼睛去发现美，用自己的心灵去体会美，用自己的双手去创造美。

拓展知识

0～2岁为婴幼儿智力发展的感觉运动阶段，婴幼儿通过视、听、动的协调活动，直观地、表面地感知美。婴儿出生后，已显示出审美感知的萌芽。新生儿在10天左右开始出现明显的视觉。五六个月起不仅会注视远距离的物体并能进行追视，而且会用双手去抱、抓眼前较醒目或能够发出声音的东西，一旦目的达到，就会流露出愉悦、欢快的表情，体验到人生最初级的审美乐趣。2～6岁属于直觉感受完整的审美形象时期，幼儿不仅对审美形式的个别成分做出反应，而且产生审美知觉，表现为根据已有的经验、知识对对象进行整体感知，并融入一定的理智、情感内容的审美心理形式。其中，最初出现的是审美联想。

从小培养婴幼儿细致的观察力、丰富的想象力、审美意识、审美情感和审美能力，意义重大。在日常生活、自然界、艺术作品中都蕴含着各种美的事物和现象，家长可以借助它们引导婴幼儿去观察发现美，让婴幼儿拥有一双善于发现美的眼睛。如，多带婴幼儿接触大自然，感受自然的颜色，发现自然世界不同的色彩变化，带婴幼儿观察颜色亮丽的水果蔬菜、色彩斑斓的鲜花、姿态各异的小动物，有助于婴幼儿形成色彩美感，丰富其认知，积累想象素材；让婴幼儿接触音乐、美术、书法、电影、文学名作，开阔视野，增长见识，了解不同审美，通过视觉、记忆力养成审美习惯。家庭环境是陶冶婴幼儿审美情趣、产生潜移默化影响的独特空间，家长需要营造一个具有艺术氛围的家庭环境，与孩子一起参与审美实践活动，如让孩子进行绘画、泥工、折纸、剪贴、制作小玩具、学习表演歌舞和童话剧等，不压抑和干涉孩子探索美、表现美、创造美的天性。

想一想

美国心理学家曾对800名男性进行30多年的跟踪研究，得出的结论是，成就最大与最小的人之间，最明显的差异不在于智力水平，而在于是否有自信心，有进取心，有坚持心，有不屈不挠等良好的意志性格。我国曾对115名在市级各类竞赛中获奖的学生进行过一次详细的调查，发现他们中智力超群者并不多，他们的家庭物质条件也并不优越，然而，大多数人兴趣广泛，知识面宽，意志坚强，有正确的学习动机，有强烈的求知欲和自信心。

结合此案例谈谈你对婴幼儿家庭教养的任务的认识。

同步练习

结合自己的成长经历，谈谈家庭教养的重要性。

我的收获

我的问题

解决办法

主题 2 婴幼儿家庭教养的原则与方法

一、婴幼儿家庭教养的原则

婴幼儿家庭教养的原则，是指家长在进行家庭教养活动时为了达到目的必须遵循的基本要求和基本准则。婴幼儿家庭教养原则贯穿于家庭各项教育工作中，它必须根据我国社会主义社会教育目的、家庭教养客观规律和婴幼儿身心发展规律来制定，也是对家庭教养实践经验的概括和总结。只有正确地贯彻和运用家庭教养原则，才能确保教育内容的合理性，是家庭教养取得理想效果的保证。

（一）理性施爱与要求适度相结合的原则

0 ～ 3 岁婴幼儿阶段的健康成长，主要在于其生理和情感的需要得到满足，而这就要求主要教养人给予婴幼儿足够的安全感。如，当婴幼儿哭闹、烦躁时，多与他们进行目光接触，耐心安抚情绪，肯定和鼓励他们，给予温和的回应。研究指出，婴幼儿与教养人之间的情感交流能够增进其未来的心理健康。同时，教养人对婴幼儿的爱应当适度，既要尊重婴幼儿的人格，倾听婴幼儿的意见，满足其合理需求，也要及时抵制不合理需求，不能一味迁就退让，放纵婴幼儿错误的思想和行为。在教育的过程中，要考虑到婴幼儿的实际发展水平，既不操之过急、揠苗助长，也不放任自流，从易到难、从简到繁，既看到婴幼儿身心不成熟的一面，也看到其可塑性极强的一面。

（二）寓教于生活与实践的原则

生活活动在婴幼儿的一日生活中占据了大量的时间，如喂哺、盥洗、沐浴、进餐等活动不仅是保障婴幼儿生存、促进其身体健康的必要活动，而且是重要的教育活动。比如，通过教育婴幼儿穿脱衣服、吃饭、洗漱，培养婴幼儿的生活自理能力。因为婴幼儿日常生活中会经常重复这些活动，所以在这些活动中进行教育更符合婴幼儿的经验，能够增强教育效果。

婴幼儿好奇心强，喜欢模仿，因此，通过实践活动教育婴幼儿是取得良好教育效果的重要途径。在家庭生活中的一项重要实践活动是游戏和娱乐，寓教于实践也是教育婴幼儿的一个重要原则。婴幼儿在游戏、玩耍和娱乐中认识环境，适应生活，学习知识，增长才干，促进身心健康发展。家长在条件允许的情况下，应尽量给婴幼儿创造开展游戏和娱乐活动的环境，让婴幼儿玩得高兴快乐，好奇心得到满足，从而训练婴幼儿的思维，培养动手技能。比如，让婴幼儿自己搭建积木，或者自己涂鸦，给予婴幼儿表达与创作的机会。

（三）言传与身教相结合的原则

言传，就是通过讲解、传授，用语言把道理讲给孩子听。身教，就是以行动示范，让孩子看着你怎么做。言传身教的含义就是用自己的语言教育人，用自己的行动带动人，用自己的做法感动人，用自己的表现启发人。从婴儿呱呱坠地开始，家长就应该与婴幼儿对话，运用动作、语言、面部表情等与婴幼儿进行交流，培养其良好的行为习惯。同时，家长在教育婴幼儿过程中，应当以身作则，不仅要善于用说理的办法，同时也要以自己的行为给婴幼儿做出榜样。也就是既重视言教，又注意身教，把二者统一起来，使教育取得良好的效果。

（四）全面发展与因材施教的原则

全面发展是指，婴幼儿家庭教养应该涉及身体动作、情绪情感、语言交流、认知逻辑等内容，注重婴幼儿的全面发展，防止只关注婴幼儿的智力因素而忽略非智力因素方面的发展，损害婴幼儿身心健康。因材施教就要根据婴幼儿的年龄特征、个性气质及身心发展规律，确定教育内容和要求，运用适当的方法，有的放矢地进行教育，使婴幼儿健康成长。如，对于敏感的婴幼儿，要有更多的耐心，多鼓励、多沟通、多启迪，帮助婴幼儿建立安全感。

想一想

全面发展好还是发展特长好？

全面发展与因材施教是辩证统一的关系，注重婴幼儿全面发展才能保障婴幼儿身心健康成长。因材施教是指把握婴幼儿的兴趣特点，承认、正视、了解婴幼儿的个性，发挥个性优势，纠正不良个性，给予适当引导，进一步促进婴幼儿的全面发展。

想一想

英国生物学家、进化论提出者达尔文，其父亲是一位医生、科学家，他希望儿子能够继承父业当医生，于是送达尔文到爱丁堡大学读医科。可达尔文从小喜欢植物学和动物学，不喜欢医学，于是在学医的同时潜心研究生物学。父亲看他“不务正业”，又强迫他进入神学院，希望他成为牧师。可达尔文还是坚持要学生物学，最后父亲只能同意。

请结合案例，谈谈家庭教养中贯彻全面发展与因材施教相结合原则的意义。

（五）教育一致性原则

教育一致性原则是指对于同一件事，家庭中的每个成员对孩子要有同样的要求，要制定同样的标准，以期达到同一个目的和同一个效果。在对孩子进行教育时，家庭成员要互相配合、协调一致，使孩子的品德和行为按照统一的要求发展。家庭所有成员对孩子要求要统一，家庭成员之间的教育目标要一致，要互通情报、互相配合。家长对孩子的要求和教育要做到前后一致，宽严一致，内容一致。家长对所有孩子的要求要统一，教育要一致。对入园入学以后的孩子，要和学校的要求统一、教育一致，不能互相抵触、互相矛盾。

想一想

君君小朋友一家人正在吃饭，家里养的小狗从门缝里钻了进来，君君看见了就要和小狗一起玩。妈妈说："君君，我们先吃完饭再和狗狗玩好吗？"君君说："我不，我就要玩。"几次哄劝行不通后，妈妈很生气，大声地训斥了君君几句。君君不但不听，反而哭着跑去找奶奶。奶奶抱起君君，嘴里嘟囔着说："君君乖，不哭哦，我们和小狗狗一起玩，不理妈妈，妈妈是个坏人。"妈妈与儿子的"较量"又以儿子获胜而告终。

上述案例违背了家庭教养中的什么原则？应当如何解决？

二、婴幼儿家庭教养的方法

（一）说服教育法

说服教育，即通过摆事实讲道理来启发、引导和提高婴幼儿辨别是非的能力，即晓之以理，是婴幼儿家庭教养中运用最广泛的一种基本方法。说服教育是建立在对子女充分信任和尊重的基础之上的，是以理服人，不是以势压人，适合于各种年龄阶段和个性特征的孩子，教育效果好，易于为孩子所接受。

生活中，年幼的孩子常常犯错，面对孩子的不当行为，家长要耐心、温和地通过讲解每一项行为准则，通过谈话、讨论等形式引导孩子发现自己行为的不恰当，使他们真正认识到什么是对、什么是错、什么事情该做、什么事情不该做，同时尊重孩子，循循善诱帮助孩子，培养孩子的自信、自尊。若当下孩子的情绪太过激动，应当等其冷静下来，情绪稳定之后，再用亲切的口吻讲道理。

运用说服教育法的基本要求主要有以下三点：

首先，教养人应全面了解孩子，耐心倾听孩子的真实想法。

其次，教养人应情绪稳定，充分尊重和信任孩子，以情动人，以理服人，情理相通。

最后，教养人应结合孩子年龄特点、理解水平，采用讲解、谈话、举例或讨论的方式，深入浅出，避免讲空洞的大道理，脱离孩子的实际情况。

（二）榜样示范法

榜样示范法是以家长或典型人物的良好的思想行为品德、优良道德风范，教育和影响婴幼儿的一种形象、具体、生动的教育方法。婴幼儿喜欢模仿，更喜欢直观的事例和具体生动的形象，所以，在婴幼儿阶段，大量运用榜样示范法是比较有成效的。

运用榜样示范法的基本要求主要有以下三点：

首先，选择充满正能量、合适的榜样。

其次，让婴幼儿认识榜样真正的价值。

最后，善于发掘婴幼儿周围生活中有教育意义的范例，注重父母自身的率先垂范。

需要注意的是，在选择榜样时不应当专门挑他人的优点、长处去和自己孩子身上的缺点、短处比，更不能借机去讽刺、挖苦孩子，避免横向比较。应当循循善诱、启发自觉，从正面激励孩子，增强他们的自尊心、自信心和上进心。

（三）环境熏陶法

环境熏陶法是家长有意识地通过创设良好的家庭环境和氛围，对孩子施加潜移默化的影响的教育方法。家庭环境包括家庭物质环境和家庭精神环境。家庭物质环境包括家庭的居住条件、经济收入等；家庭精神环境包括家庭成员之间的关系、家庭的文化氛围、家长的素养等。家长应为孩子创设良好的物质环境和精神环境。这种教育方法主要是为了培养孩子良好的生活习惯和思想品德，形成高尚的道德情操和行为规范，使孩子在德、智、体、美诸方面都得到发展。运用环境熏陶法的基本要求主要有以下四点：

第一，要根据家庭条件美化家庭生活环境；

第二，要有意识地为婴幼儿创设教育环境；

第三，全家人都要严格要求自己，创造和谐的家庭生活；

第四，家长要不断提高自己的文化素养，追求高尚的精神情趣。

（四）奖惩激励法

奖惩激励法是对婴幼儿行为表现给予奖励或惩罚激励的一种方法。奖惩激励的方式主要有表扬与奖励、批评与惩罚。运用奖惩激励法的基本要求主要有以下三点：

首先，应以表扬、奖励为主。

其次，表扬和奖励、批评和惩罚必须做到公正合理，实事求是，恰如其分。

最后，不要把批评表扬当作教养者情绪宣泄的一种手段。

表扬和奖励是一种强化良好行为表现的方法，应当选用恰当的方式及时进行正强化，可以是精神或者物质奖励。表扬和奖励时最好能同时提出进一步要求，使孩子有更上一层楼的目标。批评和惩罚是一种否定的“强化”，应当谨慎使用，惩罚要讲究时机与方式，可以用摇头、不高兴的态度、否定的口吻、斥责的目光等表示对某种行为的反对，并结合说服教育法，使孩子知道自己错了，并迅速改正。批评时态度要严肃，同时应当耐心倾听孩子的想法，避免一刀切，不能打压、谩骂孩子。

想一想

萱萱是一个托大班小朋友，她的妈妈为了不让孩子输在起跑线上，希望孩子早学知识，于是经常教她识字、计算，每天要完成一页的口算题，周末还给她报了英语班、数学班、舞蹈班。每天的时间都安排得满满当当。萱萱对这些一点也不感兴趣，学习时感到非常痛苦。她最喜欢的事情就是玩，喜欢玩沙子和藏猫猫、搭积木等各种游戏。

请从婴幼儿家庭教养原则的角度分析以上现象。

同步练习

结合自己的成长经历，谈谈自己的父母在家庭教养中贯彻了哪些教养原则。

我的收获

我的问题

解决办法

主题 3　婴幼儿家庭教养指导的内容与途径

一、婴幼儿家庭教养指导的内容

0～3 岁婴幼儿家庭教养涉及婴幼儿生活的各个方面，依据家庭教养指导的目的，家庭教养指导的内容可以分为三个方面：第一，指导者要指导家长掌握必要的早期教育理论知识；第二，指导者要指导家长树立正确的早期教育观念；第三，指导者要从婴幼儿日常生活的各种情境和问题出发，指导家长掌握正确的教育方法。

（一）理论知识

理论知识是指有关婴幼儿身心发展的知识和相关的家庭教养理论，主要包括婴幼儿的发展规律与年龄特点、各年龄段婴幼儿易发问题、家庭教养知识等。丰富科学的育儿知识，是婴幼儿家庭实施科学育儿的基础，有利于帮助家长了解影响婴幼儿身心发展的各方面因素，寻找适合的教育方法，营造适宜的育儿环境。因此，让家长掌握相关的理论知识是指导工作的重点。无论通过何种途径对家长进行指导，指导者都不应忘记对理论知识的宣传。这不仅有利于婴幼儿的健康发展，也是实现党的二十大报告中所提出的“办好人民满意的教育，加快建设高质量教育，发展素质教育，促进教育公平”的重要途径。

（二）教育观念

教育观念指家长在教养婴幼儿的过程中，对婴幼儿的发展、教育方式和途径以及婴幼儿的可塑性等问题所持有的观点或看法。主要内容包括家长的人才观、亲子观、儿童观和教子观。人才观指家长本人对人才价值和对子女成长的价值取向；亲子观指家长对子女和自己关系的基本看法，及教养动机；儿童观包括家长对儿童权利、地位及对子女发展规律的观点；教子观主要表现在家长对家庭教养在儿童发展中的作用以及家长对自己角色和职能的认识。

科学的儿童观、教子观、亲子观和人才观有助于家长采取适宜的教学方法。随着时代的发展，越来越多的父母认识到，依据来自自己父母的传统教育理念似乎并不能全面有效地了解孩子，这不仅导致很多家长产生挫败感，也影响了婴幼儿健康发展。所以，当好父母需要终身学习。指导者应主动面向全体家长宣传科学的理论知识，更新家长的教育理念，提高家长的素质。

（三）教育方法

教育方法是指指导者在婴幼儿相关理论指导下形成的实现其教育思想的策略性途

径，包括表扬与批评、物质与精神奖励、言教、身教、精神与物质环境创设等。虽然家长能从书籍和一些媒体上学习育儿知识，但是在实践当中，要将理论转化为实践，必须通过指导才可以实现。随着时代的发展，家长获取育儿知识、方法的途径也越来越多。但是由于家长没有经过系统的理论学习，难以对碎片化的育儿知识有较深刻的理解。这就导致家长只了解书本上的理论知识，一旦遇到现实问题就容易束手无策。因此，家庭教养指导就需要指导者在日常的活动中、在与婴幼儿家长的沟通中发现婴幼儿家长家庭教养中存在的不合理的育儿行为和问题，并提出建议，协助家长解决问题，深化对理论和知识的理解。

二、婴幼儿家庭教养指导的途径

婴幼儿家庭教养指导的途径是指为了完成婴幼儿家庭教养的任务，指导者所采取的指导形式和方法。李朝英把家庭教养指导形式概括为集体指导和个别指导。集体指导和个别指导的对象不同，所以在内容上，集体指导偏重规律性的指导，特别是一些重要的教育理念和普遍存在的问题；而个别指导则关注个性差异，注重一对一的指导，更有针对性。如果同时采取两种方式，那么特别要注意集体指导和个体指导的平衡。

想一想

18 个月以后，幼儿的整体活动能力以及探索欲望都比以前提升了许多。家长们会发现，小家伙真是一刻都不消停，几乎能把视线所触及的所有东西都翻个遍。他们还会“搞破坏”，不论什么东西都要敲敲、扯扯、摔摔、摇摇，直到屋内一片狼藉，自己也“研究”累了为止。

对于这种在家长看来是具有“破坏性质”的行为，到底应该怎么看待？是应该阻止，还是置之不理，或者是采取其他措施？如果你是指导老师，你会如何对此进行家庭教养指导？

（一）集体指导

集体指导是根据家长共同的问题和需要，由指导者组织家长集体参加的指导形式，包括家长会、家庭教养专题讲座、家庭教养经验交流会、开放日、亲子活动、网络指导等形式。有调查结果显示，早教机构主要通过“家长会”和“亲子活动”的方式对家长进行集体指导，其中 90% 的机构通过“亲子活动”开展早期教育的指导，80% 的机构通过“家长会”开展早期教育指导，10% 的机构通过“早期教育知识讲座”开展早期教育指导。①

① 黄鹤．我国家庭教育指导的对象、渠道、内容与形式：六省市家庭教育指导现状调查的总结 [J]．中国校外教育，2017，(7)：1-3，5.

1. 亲子活动

亲子活动是指根据婴幼儿的心理和生理的发展特点，由指导者组织的、婴幼儿和家长共同参与的、以亲子游戏为基本组织形式的活动。活动兼具趣味性和教育性的特点，能够促进婴幼儿身心发展、亲子沟通，巩固和谐的亲子关系，提高家长科学育儿水平。

亲子活动前，首先对家长进行集体指导，让家长了解活动的目的和如何做才能达到要求，然后指导者进行示范操作。为了增加孩子的兴趣，可以让家长先做一遍，由此也能加深孩子的记忆，也可采取家长和孩子一起做或进行比赛的形式，提高孩子的积极性。指导者会再次强调亲子活动的意义和注意事项，并在活动区域内进行巡视和观察，如果发现问题，就会对家长和婴幼儿给予指导，也会对家长提出的问题进行解答，或在自由活动时间进行个别指导。亲子活动后，指导者会主动通过聊天、打电话、发微信等形式与家长进行沟通，了解孩子及家长在今天的活动中感觉怎么样、对活动内容的掌握情况等。

拓展知识

示范指导

示范指导，是指早教指导者亲自和孩子共同游戏、活动，向家长示范如何和婴幼儿互动。这种形式适用于教学方法、教养技术性一类的活动，其优点在于指导效果立竿见影。指导者在向家长示范了与孩子的游戏、活动、互动过程后，可以在亲子活动中马上观察到家长有没有掌握指导者的要求，有没有运用到自己和孩子的互动中。示范法是早教机构最常见的指导方法。

例如，在亲子活动音乐感统课程中，教师给每一位家长和宝宝发放两块手绢，教师示范扭秧歌的基本舞步十字步及甩手绢的动作，教师一步一步清楚明了地呈现动作步骤以便家长和宝宝模仿学习。

再如，指导教师以小猪绒毛玩具作为自己的“孩子”，边念儿歌边示范亲子操的做法。一共做了两遍，第一遍时，孩子们一直都看着教师，家长主动拉孩子做。第二遍时，教师鼓励家长们站起来，认真模仿。各位家长根据自己孩子的特点，创造性地改编亲子操。比如在“转一圈”的时候，有的家长直接把孩子抱起来腾空转一圈再放下来，有的家长和孩子一起小跑步转一圈，有的家长让孩子自己转。其中一位奶奶由于年纪大，一直不参与做亲子操，只是坐着观看。做了两遍以后，大家又坐下来准备下面环节的活动。

资料来源：刘斯．0～3岁亲子园早教课程实施现状及对策研究[D]．武汉：湖北师范大学，2017.

2. 家长会

家长会是以婴幼儿发展为主要议题，通过亲师交往、家长间互动的形式，提高家长的教育素质、改善教育行为的重要途径。可以依据不同标准将家长会划分为不同类型，比如，根据规模的差异，可以分为全体家长会、班级家长会、家长座谈会；根据开展的形式不同，可以分为讲授式家长会、讨论式家长会、分享式家长会、座谈式家长会、体验式家长会等。无论何种家长会，都有定义中家长会所具有的整体功能，其一般流程是：教师介绍情况，家长讨论、发言、提问，教师总结，针对婴幼儿的具体情况进行有针对性的交流。

（二）个别指导

个别指导是指指导者对个别家长进行一对一的指导，包括家庭访问、来园接待、电话联系、电子信箱、网络聊天等。

案例评析

下楼梯

妈妈抱着军军来到下楼梯口处，想把军军放下让他自己下楼梯，可军军挣扎着不肯下来。在妈妈和指导教师的鼓励下，军军的脚终于站在了第一阶楼梯上，妈妈双手扶着军军说："军军自己下，自己下。"军军不肯动，并开始哼哼。指导教师说："妈妈站在军军的前面，这样孩子不会有把他扔下去的感觉。"妈妈先下了一阶，拉着军军的双手，不断地鼓励，军军终于迈出了第一步。奇妙的是，走出这第一步以后，军军突然很开心，原来的紧张很快消失了，自己一步一步地走下去。

评析：一对一个别化地指导家长是十分有必要的，指导教师就是在这样的活动中进行着随机的教养指导，这不仅有利于指导教师有针对性地开展指导，也便于解决许多突发性教养问题。

有调查研究显示，早教机构主要通过家访、打电话和网络聊天的方式对家长进行个别指导，其中有 51% 的指导教师通过网络聊天（如 QQ 或微信聊天）的方式对家长进行指导，有 26% 的指导教师通过家访的方式对家长进行指导，23% 的指导教师通过打电话的方式对家长进行指导。[①]

拓展知识

入户指导

入户指导是早教指导师走进婴幼儿家庭，向家长介绍婴幼儿身心发展特点和规律的基本知识，宣传正确的家庭教养观念与指导科学的家庭教养策略和方法，具体方法如下。

1. 分享式

指导教师可以为片区同龄婴幼儿家长搭建起交流的平台，定期组织他们聚集在一起进行育儿经验的交流。例如，针对如何培养 14 个月宝宝的阅读习惯，可以

① 蓝玲玉．民族地区农村婴幼儿家庭早期教育指导研究 [D]．南宁：广西民族大学，2020.

从阅读环境、情绪情感的准备再到书籍的选择，以及爸爸参与到亲子阅读的意义等方面进行交流分享。

2. 信息引导式

服务中心为家长提供丰富的科学养育资料，引导家长学习资料中的教养方法和策略，从而提高婴幼儿养育的科学性。

3. 实践指导式

根据每个家庭的需要，依据为婴幼儿制定的个体入户指导方案有计划地进行入户指导。例如，针对某个家庭如何创设适宜的环境，从阅读环境、游戏环境到玩具材料的分类投放等方面进行细致具体的指导。

4. 问题探究式

指导教师可以利用调查问卷、面对面沟通交流、微信群讨论等方式和家长一起面对问题、分析问题，并给予家长详细的解决问题的办法，帮助家长及时纠正不当育儿行为，正确地科学育儿。

多种形式的入户指导，使“被动式指导”变为“主动式指导”，由“共性需要”转变为“个性需要”，帮助家长由“监护式养育”变为“发展式养育”，有力推进婴幼儿养育工作的开展。

资料来源：龚欣．早教指导师与家长沟通的艺术 [J]．教育观察，2019，8（34）：142-144.

同步练习

1. 简述家庭教养指导的内容。
2. 简述家庭教养指导的途径。

我的收获

我的问题

解决办法

____

____

____

____

模拟测试

一、单选题

1.（　　）是指家庭成员之间的相互影响和教育，通常是父母对儿女进行的教育。

A. 家庭教养　　B. 家长的道德素质

C. 家长的儿童观　　D. 家长的人才观

2. 随着婴幼儿年龄增大，自理能力增强，家长应对婴幼儿进行（　　）教育，培养婴幼儿形成有规律地、定时定量进餐的习惯。

A. 健康教养　　B. 认知教养　　C. 审美教养　　D. 社会教养

3. 爱孩子是父母的本能，也是家庭教养的基础，家长对子女的这种爱应是（　　）。

A. 娇纵的爱　　B. 专横的爱　　C. 明智的爱　　D. 迁就的爱

4. 为婴幼儿创造一个良好的家庭环境，主要是指（　　）。

A. 把房间装修得豪华、漂亮

B. 舍得为婴幼儿投资，满足婴幼儿多方面的要求

C. 营造安全、民主、轻松的家庭氛围

D. 父母努力提高家庭的收入

5. 家庭教养指导的主要任务是（　　）。

A. 开发婴幼儿的智力　　B. 培养婴幼儿学会做人，以德育人

C. 培养婴幼儿的特长　　D. 提高家长的教育指导能力

二、多选题

1. 父母应当从下列哪些方面入手提高自身的教育素质？（　　）

A. 多读书，不断学习文化知识

B. 多和婴幼儿待在一起，多跟婴幼儿一起玩，增进对婴幼儿的了解

C. 了解“父母”角色的定位，了解婴幼儿的特点和合法权益，以婴幼儿的利益为最高原则，改善亲子关系

D. 理论联系实践，掌握多种教育方法

2. 婴幼儿家庭教养的任务包括（　　）。

A. 健康教养　　B. 认知教养

C. 情绪情感和社会性教养　　D. 审美教养

3. 家长应如何培养孩子的学习兴趣？（　　）

A. 给孩子多买课外书

B. 经常在旁边监督孩子读书

C. 为孩子提供引发兴趣的情境，让孩子接触有兴趣的事

D. 经常向孩子强调学习的好处

三、简答题

1. 简述婴幼儿家庭教养的原则。

2. 简述婴幼儿家庭教养的方法。

3. 简述婴幼儿家庭教养指导的内容。

四、案例分析题

1. 鲁迅在《随感二十五》一文中记述了这样一件事：清朝末年，某省初开师范学堂的时候，有一位老先生听闻感到不可思议，便愤愤地说："师何须还须受教育，如此看来，还该有父范学堂了！"对此，鲁迅严肃指出："这位老先生，便以为父的资格，只要能生。能生这件事，自然便会，何须受教呢。却不知中国的现在，正须父范学堂。"

请问，案例中涉及的是什么问题？请谈谈婴幼儿教养者提高自身修养的必要性。

2. 早上妈妈带着一岁半的小明下楼玩，没玩一会儿小明就把一起玩耍的小朋友推倒在地，使其磕破了嘴巴，妈妈一气之下把小明带回家，并把小明关在小屋里让他反省。请运用所学知识来分析小明妈妈的行为是否恰当，并提出建议。

项目2 0～1岁婴儿家庭教养指导

学习目标

知识目标

理解与掌握0～1岁婴儿的身心发展特征，明确其发展的顺序性和阶段性特点，理解其家庭教养中的误区。

能力目标

掌握0～1岁婴儿家庭教养的原则与方法，规避其家庭教养中的误区，促进婴儿健康成长。

素养目标

关爱0～1岁婴儿，关心婴儿的成长与发展，致力于在家庭教养中促进婴儿成长。

思维导图

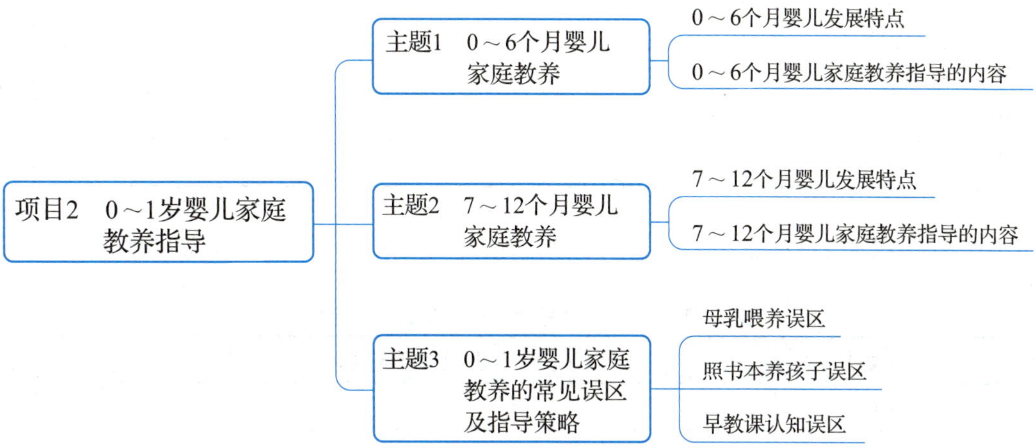

情境导入

不会爬的宝宝

因为父母工作忙，琪琪一直被寄养在姥姥姥爷家，爸爸妈妈每个月回家陪孩子几天。琪琪10个月了，还不会爬，原来姥姥几乎没让琪琪爬过，觉得在地上爬来爬去太脏了。琪琪妈妈对此十分担心，害怕宝宝不会爬会给其身体发育造成不良影响。

点评：琪琪妈妈的担心是合理的，爬行对于婴幼儿的生长发展至关重要，是一种综合性的身体运动，不仅有助于颈部、胸部、手臂肌肉的发育，也有助于腰背部及腿部肌肉的发育，为婴幼儿的站立和行走打下基础。

热身思考

1. 0～1岁婴儿的身心发展特征是什么？对婴幼儿家庭教养起到什么作用？
2. 0～1岁婴儿家庭教养的重点是什么？有什么误区？

任务探索

任务探索1：结合表2-1，梳理0～6个月婴儿身心发展特征与规律。

表2-1 0～6个月婴儿身心发展特征与规律

身心发展	发展特征与规律
体重	
身高	
动作	
牙齿	
感知觉	
情绪情感	
语言	

任务探索2：结合表2-2，梳理7～12个月婴儿身心发展特征与规律。

表2-2 7～12个月婴儿身心发展特征与规律

身心发展	发展特征与规律
体重	
身高	

续表

身心发展	发展特征与规律
动作	
牙齿	
感知觉	
情绪情感	
语言	

主题 1　0 ~ 6 个月婴儿家庭教养

一、0 ~ 6 个月婴儿发展特点

1 岁前的孩子“一天一个样”。个体脱离母体后的头一年，是人生发育速度最快的阶段，分阶段了解婴儿的身心发展特点是十分必要的。

（一）体重与身高

出生至未满 28 天这一段时间的婴儿，称为新生儿。为了适应外界环境，新生儿拥有与生俱来的基本生存能力：出生的瞬间，新生儿的一声啼哭表示他们学会了自主呼吸；吮吸反射也在第一时间启动，能够有节奏地吮吸乳头，为接下来的发育成长奠定基础。新生儿具有许多本能（非条件）反射，见表 2 - 3。

表 2 - 3　新生儿的本能（非条件）反射

名称	表现	出现时间	消失时间
摩罗反射	也称惊跳反射，是指当婴儿遇到突然刺激时，如头部突然移动、向后仰而落空失去支撑、突然出现大的声音等，引起的全身性动作。婴儿双臂向外张开，弓起背，接着双臂向内收拢合起，开始大声哭泣。	出生	约 2 个月
踏步反射	也称行下步反射、迈步反射。当婴儿被竖着抱起，脚放在平面上时，会做出迈步的动作。	出生	约 2 个月
觅食反射	当新生儿面颊触到母亲乳房或其他部位时，即可出现寻觅乳头的动作。用手指抚弄新生儿面颊时，他的头也会转向刺激方向。	出生	约 4 个月

续表

名称	表现	出现时间	消失时间
自动反射	也称强直性颈反射、篱笆姿势。当婴儿的头部转向一侧时，同侧的手臂就会伸直，另一侧的手臂则弯曲着，好像在扎篱笆的样子。这是一种精细反射，当婴儿被扰乱或哭泣时，就不会出现这种反射。	出生	4～5个月
掌握反射	新生儿为了避免摔落的本能反射。叩击新生儿的手掌，他们会立即紧握拳头；把手指放在新生儿的掌心，他们会立刻抓住你的手指。	出生	5～6个月
足握反射	叩击婴儿的足底时，表现出足底屈曲、脚趾收紧。	出生	9～12个月

体重、身高是衡量婴儿身体健康的重要标志。正常足月新生儿出生体重在2.5～4kg，小于2.5kg的属于低出生体重儿，大于4kg的属于巨大儿。婴儿在出生后的前3个月体重以700～800g/月的速度增长，在第1个月的时候体重增长可以达到1～1.7kg，出生3～4月的时候体重达出生时的2倍，一般达到6～8kg。

新生儿平均身高约50cm，婴儿出生后的前6个月，身高平均每月增长3cm以上，前3个月可增加11～12cm。

随着月龄增加，婴儿的体格发育将逐步减慢。教养者给婴儿喂哺要遵循婴儿的需求，3个月左右时可以逐步培养婴儿按时吃奶的习惯。新生儿每天除了吃奶外基本都在睡觉，3个月后清醒的时间增加，因此游戏和社会交往的需求就产生了。

（二）动作与骨骼

1. 大肌肉动作

骨骼肌肉系统发育较快，动作发展遵循从上到下、从头部到躯干再到四肢的规律。俯卧抬头这个看似不起眼的动作，对婴儿却具有标志性的重大意义，这意味着他们开始尝试控制自己的身体。婴儿出生后几天就可以俯卧，出生1个月内的婴儿俯卧时还不能自己抬起头，到2个月左右时能稍稍抬起头和前胸部，3个月左右时头能抬得很稳。随着婴儿动作的发展成熟，脊柱的生理性弯曲逐步形成，婴儿3个月左右能抬头时，就形成了第一个生理弯曲——颈曲（颈椎前凸）。

翻身的出现和抬头的关系比较密切，大多数4～7个月的婴儿在脖子能够立住之后就能翻身了，甚至有的婴儿在2个月左右就能翻身了，通常其抬头的动作出现得也比较早。婴儿能够坐起来是很重要的，能坐得稳了，表示其骨骼、神经系统、肌肉协调能力等发育渐渐趋于成熟，婴儿的视线范围也更加开阔。坐的动作还有利于婴儿的脊柱形成第二个生理弯曲——胸曲（胸椎后凸）。

一般6～7个月的婴儿开始学会独立坐，如果倾倒了，无法自己恢复坐姿，到8～9个月时才能坐得很稳。有的婴儿5个月左右就能坐了，而有的发展较晚的婴儿要到8个月左右才能独立坐。

2. 手部动作

手的灵活动作经历了较长的发展过程。3 个月前的婴儿，手基本上是紧握的，手指虽也会伸展，但只是随同手臂和脚一起乱伸乱动。3 个月左右的婴儿逐步发展不随意的抓握动作，即碰到什么就抓什么，拇指和其余四指方向一致，采用“一把抓”的形式。5 个月左右的婴儿开始发展随意的抓握动作，即手的动作是能够被婴儿所意识的，这是手的动作发展中的重要成就。6 个月左右婴儿手的抓握动作有了进步：拇指逐渐和其余四指相对，与成人的抓握方式一致，能够灵活运动手指。

3. 牙齿发育

4 个月起婴儿开始长牙，这对于他们来说是一次挑战。在牙齿萌出时，牙齿的胚芽会向上顶，让婴儿感觉发痒、不舒服，就会通过咬人、咬坚硬的东西甚至在吃奶时咬乳头去消除不适感。牙齿刚萌出时还会刺激齿龈上的神经末梢，唾液分泌增多，但婴儿一时无法吞咽过多的唾液，于是会不由自主地流口水。有时甚至会发低烧、哭闹、难以入眠，这些不适应现象一直持续到牙齿萌出。

拓展知识

婴儿为什么不翻身?

1. 超重的宝宝不爱翻身

有的宝宝活动能力比较弱，还有些宝宝无论家长怎么逗引就是不愿意动。这是因为现在生活条件好了，家长总是担心宝宝没吃饱，过度喂养结果造成宝宝超重。

2. 体弱缺钙的宝宝不爱翻身

翻身对于宝宝来说需要体力，如果宝宝过分瘦弱、肌肉无力、骨骼缺钙，就会觉得运动困难而不爱翻身。

3. 穿得太多影响宝宝翻身

有的家长总担心宝宝着凉生病，给宝宝穿得过多。宝宝如果穿多了，就像被捆绑起来一样，想动也动不了。

4. 不愉快的记忆导致宝宝不爱翻身

也许是家长操之过急强迫训练较多，也许是家长在帮助宝宝练习翻身时动作粗鲁，也许是家长疏于护理让宝宝有较深刻的疼痛体验……这些不愉快的记忆会导致宝宝没有翻身的积极性。

资料来源：陈红梅. 孕期与学龄前儿童家庭教育指导 [M]. 武汉：华中科技大学出版社，2014：76-77.

（三）感知觉

新生儿的感知觉能力还处于起步阶段。在所有感觉发展中，味觉和嗅觉相对成熟较早，婴儿喜欢甜的溶液，能分辨甜、咸、酸、苦四种味道，能用微笑、皱眉和伸舌头来表示对味道的好恶。婴儿能嗅出一些气味，闻到不喜欢的气味会把头扭到一边，母乳喂养的婴儿能根据乳房和腋下的气味辨认出自己的妈妈。

视觉是婴儿刚出生时所有感觉中发展水平最低的，由于视敏度不足导致分辨能力差，新生儿只有 20cm 左右的视程；3 个月左右，婴儿眼睛的聚焦就已接近成人；6 个月左右的婴儿的视力可达 0.06 ～ 0.08，双眼可以对准焦点。眼睛的搜索和跟踪能力发展很快。1 个月左右可注视人脸或色彩鲜艳的玩具，3 ～ 4 个月时颜色视觉基本功能已接近成年人，对红、黄、绿、橙、蓝等颜色表现偏爱。2 个月左右目光能跟随移动的物体转动 90°，3 个月左右不仅能仔细地观察近物，还能视觉追物 180°，6 个月左右目光可以跟随落地物体移动。

听觉在前 3 个月主要发展了辨别能力，如 3 个月左右的婴儿能辨别出不同人说话，以及同一个人说话声调的差别，会辨别声音的方向，头能转向有声音的方向。4 个月左右的婴儿听到悦耳的声音会微笑，6 个月左右的婴儿能区别爸爸或妈妈的声音。

在各种感觉中，触觉发展得最早，婴儿对抚摸、温度变化和疼痛会有所反应。婴儿早期通过口腔触觉和手的触觉来探索外部世界，3 个月左右的婴儿已经能够通过口腔触觉建立条件反射。

知觉包括空间知觉、时间知觉。空间知觉又分形状知觉、大小知觉、深度知觉、方位知觉。2 ～ 3 个月的婴儿已经产生了深度知觉。0 ～ 6 个月的婴儿还没有形成时间知觉，他们往往是想睡就睡，不论是白天还是晚上，而不像成人一样的天黑睡觉、天亮起床。

拓展知识

视觉悬崖实验

心理学家吉布森（Eleanor Gibson）提出了一种有趣的方法来研究婴儿对高度恐惧的发展。“视觉悬崖”（见图 2－1）用透明的树脂玻璃制造，在其一侧绘制的地板就在玻璃底下，而在另一侧地板图案则置于玻璃之下一米多，在适当的光照下，它似是一个可能会跌落的悬崖。一个有趣的发现是，早在婴儿表现出对“视觉悬崖”恐惧前的几个月，他们就能知觉到“视觉悬崖”的深度。在 4 个月时，当把他们放到“视觉悬崖”的“深”的一侧，他们会感到迷惑，但不会感到恐惧，直到他们学会爬行并具有绊倒或摔落的经验之后才表现出恐惧反应。把 6 ～ 9 个月的婴儿放在“视觉悬崖”上

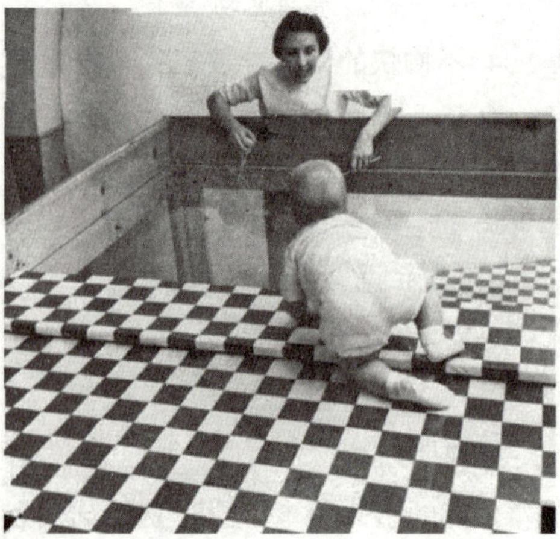

图 2－1　视觉悬崖实验

他们会表现出恐惧并回避“深”的一侧。

资料来源：本杰明·B 莱希. 心理学导论：第11版[M]. 吴庆麟，等译. 上海：上海人民出版社，2016：409.

（四）情绪情感

出生后前3个月左右婴儿的情绪情感发展的表现比较突出，表现为哭声的分化和社会性微笑的产生。识别婴儿哭声中的需要和诉求，需要家长和婴儿长时间的磨合，更需要家长的智慧与用心，对婴儿哭的情景进行思考和判断。识别婴儿哭声中的需要和诉求，及时满足他们的需求，对婴儿形成安全感十分重要。

婴儿初生就有笑的反应，但这最初的笑是生理性、自发性的。约5周始，婴儿能区分人和其他非社会性刺激，对人的声音、面孔开始有特别的反应，大人的声音、面孔特别容易引起婴儿的微笑，社会性微笑开始出现。此时婴儿如听到大人的声音或看见大人对着他点头，就会特别高兴，微笑时十分活跃、眼睛明亮。约第8周时，婴儿会对一张不移动的脸发出持久的微笑。但是，从约5周到约3个月，婴儿对人的社会性微笑是不加区分的，他们对主要抚养者或家庭其他成员、陌生人的微笑都是一样的。从4个月左右开始，随着婴儿处理刺激内容能力的增强，能够分辨熟悉的脸和其他人的脸，婴儿开始对不同的人发出不同的微笑，出现有差别、有选择性的社会性微笑。他们对熟悉的人比对不熟悉的人笑得更多；对熟悉的人会无拘无束地微笑，而对陌生人则带有一种警惕的注意。这是社会性微笑的进一步发展，也是真正意义上的社会性微笑。许多研究表明，约4个月以后，婴儿对主要抚养者尤其是母亲笑得最多、最频繁，其次是对家庭其他成员和熟人，对陌生人笑得最少。

社会性发展与婴儿的情绪情感紧密相连，0～6个月婴儿的社会性发展水平在不断提高，婴儿从最初的喜欢看人脸、喜欢听人说话，发展到乐于与人交流、玩耍，尤其是最亲近的抚养者，此时婴儿已发展出对主要抚养者的整体感知，越发信赖与喜爱抚养者，与抚养者之间形成依恋关系。

拓展知识

哭声背后的原因

1. 我饿了！

在出生的前3周，大部分健康宝宝的哭是因为饥饿，妈妈听到宝宝哭声的第一反应也是赶紧喂奶。只要含上乳头或奶嘴，小家伙马上就会安静下来，这种哭被称为“饿哭”。饿哭典型的声音特征是低音调、有节奏，而且有一定模式：先短促地哭一声，然后停顿一下，再短哭一声，再停顿，就好像宝宝在说“饿——饿——”，直到宝宝被妈妈抱起来喂奶，哭声才停止。

2. 我好想睡觉！

宝宝需要大量的睡眠才能满足其生长发育的需要。如果宝宝长时间被成人哄逗、抱来抱去，会高兴得手舞足蹈、笑声不断，这会消耗宝宝大量的能量，容易疲劳。疲劳的宝宝会打哈欠、揉眼睛，如果家长还没有发现宝宝的这些暗示，仍然一厢情愿地哄逗宝宝，宝宝就要大发脾气了！因疲劳而发出的哭声往往很强烈，似乎还带着颤抖，宝宝越疲劳，哭声就越不容易停止，甚至会越来越强烈。此时应该赶紧让周围安静下来，把宝宝放到小床上，让宝宝尽快入睡。

3. 请抱抱我！

宝宝常用哭泣这一招得到家长的拥抱。当宝宝需要皮肤接触时，他就会大哭来吸引家长的注意，被抱起来后哭声马上停止。有的家长担心经常抱宝宝会“宠坏”宝宝，其实这种担心是没有必要的，宝宝想被家长抱，只不过是他们喜欢听家长的声音，感受家长的心跳，闻到家长身上的味道，这会让宝宝有安全感。

4. 快给我换尿布吧！

宝宝对湿尿布的忍耐程度有所差异，敏感的宝宝会在第一时间让家长知道他出状况了，需要“专属清洁服务”；而有的宝宝对这种不适可能不放在心上，家长稍微晚点换尿布也没关系。通常家长比宝宝更在意这方面，如果让宝宝在湿尿布中躺着，有的家长会有愧疚感。

5. 太冷（热）了！

宝宝所处的环境如果过冷或过热，他就会感到不舒服。家长可以用手摸摸宝宝的后背和前胸，如果感到凉，就应该给宝宝适当加衣被；如果有汗，就适当给宝宝脱减衣服。如果家长在给宝宝换尿布或者脱衣服准备洗澡时，宝宝忽然大哭，这说明宝宝不喜欢被暴露在外面，这就要求家长加快给宝宝换尿布或穿、脱衣服的速度，减少宝宝暴露在外面的时间。

6. 太吵了！（太亮了！）

如果宝宝的哭声里带着烦躁不安的情绪，家长可以检查一下周围环境，是不是有什么强烈刺激，比如强烈的灯光、嘈杂的声音等。如果是这样，先把周围的环境调整一下，例如把灯光调暗，或者把宝宝换到安静的房间等。家长应该根据宝宝的日常表现，制订一份作息时间表，把每天喂奶、洗澡、散步、睡觉的时间固定下来，这会让宝宝更有安全感。

7. 快来陪我玩吧！

有的宝宝从小就有强烈的与人交往的愿望，即使只有6周大的宝宝也有感到无聊的时候。当他发现周围没人的时候会感到寂寞，于是会用哭声告诉家长：“好无聊啊！陪我玩玩吧！”这时候，家长可以轻轻哼唱经常给宝宝听的歌，或者让床头吊挂的玩具转起来，这些都能有效地安慰宝宝。有时甚至只要把宝宝抱到另一个地方躺着，他也会感到高兴，因为他看到不同的“风景”了。

8. 好痛！

如果宝宝尖声剧烈地大哭，可能是身体感到疼痛，或被什么东西伤着了。这种情况下，家长应该马上检查，看看是不是宝宝的衣服上的纽扣或拉链伤到了宝宝稚嫩的皮肤；或者是床栏卡住了宝宝的手脚；或者是头发或线头缠住了宝宝的手指或脚趾，使血液流通不畅；或者是灰尘迷了宝宝的眼睛等。

9. 我不舒服！

宝宝生病时体力虚弱，因此哭声也比较虚弱，而且会表现得无精打采、食欲缺乏，同时还可能伴有呕吐、腹泻、发热等症状。这时候应该及时带宝宝去看医生。

10. 可能会引起宝宝长时间啼哭的疾病

（1）肠痉挛。

1～3 个月的宝宝因喂养不当，腹部受凉，胃肠功能失调，可能引起肠痉挛。一般表现为宝宝持续、难以安抚地哭闹，哭时面部潮红、腹部鼓胀。家长暖手后在宝宝腹部抚触，宝宝的哭声会有所缓解。

（2）肠套叠。

肠套叠常见于 4～10 个月的宝宝，表现为阵发性哭闹、尖叫，哭闹时双拳紧握，两腿弯曲蜷缩，表情非常痛苦，一般会持续几分钟到十几分钟。缓解后，过一会儿又会发作。如果宝宝出现面色苍白、出冷汗、便血等症状，应立即就医。

（3）湿疹。

湿疹发作时皮肤剧烈瘙痒，多发生在夜间，宝宝哭声平缓、持续。此时如果分散宝宝的注意力，哭声就会停止。

资料来源：陈红梅. 孕期与学龄前儿童家庭教育指导 [M]. 武汉：华中科技大学出版社，2014：97-99.

（五）语言

语言的发展从新生儿出生那一刻就开始了，出生后的第一年是婴儿言语发生的准备阶段，这一阶段的语言学习为婴儿正式的语言运用做好准备，0～8 个月的婴儿语言学习处于前语言阶段。

2 个月左右，婴儿开始牙牙作声，在睡醒之后或吃饱、穿暖后躺着时，会发出愉快的自言自语的声音，主要是“h”音，有时是“m”音。3 个月左右的婴儿的单音节发音已与情境发生关系，当焦急或不舒服时常发出“i”和“e”等音，而在放松状态下则较多发出“ɑ”“o”“u”等音。大约从 4 个月起，婴儿的发音出现了明显的变化，发音增加很多重复的、连续的音节。大约 6 个月之后，婴儿开始有近似词的发音，也就是说有些发音开始具有意义，比如在成人的逗弄下发出“bɑ-bɑ”的声音，这些与多音节组合语言非常相似的发声，表示婴儿开始说出具有具体意义的词语发声。

随着不断的学习与发展，婴儿在整体感知语音时，还能分辨出不同的语调、语气和音色的变化。当父母用愉快的语气与婴儿说话时，语调出现升扬的变化，4 个月左右的婴儿便能用微笑和喁喁作声做出反应。4 个月左右的婴儿对愉悦的和冷淡的语调有反应，例如，用愉悦的、冷淡的、恼怒的三种不同的语调分别对婴儿重复同一句话："宝宝，我们好喜欢你！"他们只能感知前两种语调。大约 6 个月之后，婴儿能感知三种不同的语调，会用微笑和平淡的态度对前两种语调做出反应，而听到愤怒的语调时，无论说的是什么内容，他们都表现出愣住、紧张、害怕、躲入母亲的怀抱，或者号啕大哭等。

婴儿的前言语交际在出生后不久便开始了，最有力的证据就是哭泣。1 周至 1 个月期间的婴儿，已经能够用不同的哭声表达他们的不同需要，这就是语言交流的重要形式。大约 2 个月时，婴儿会在生理需要得到满足之后，在成人的逗弄和语言刺激下微笑或大笑，或用声音、身体的同步动作反应予以应答，正如人与人之间的交流。4 个月左右，婴儿的交流欲望与交流表现都更为突出，他们乐意对成人的话语逗弄给予语音应答，出现一问一答、你来我往的交流场景，即成人说一句，婴儿发几个音，待成人再说一句，婴儿再发几个音。当一段"对话"结束之后，婴儿还会主动发起"对话"，发一个或几个音来主动地将交流延续下去。

拓展知识

要不要用"儿语"和婴儿说话?

许多成年人喜欢用"儿语"与婴儿说话，这种形式的语言由短句组成，包括声调高且夸张的表达、清楚的发音、语言片段之间明显的停顿、词汇的重复等。研究发现，从出生开始，婴儿喜欢听"儿语"超过其他类型的成人话语。

在婴儿出生 2 个月后，成人使用"儿语"更能引起婴儿的注意，有利于婴儿模仿发音，也有利于婴儿把语言与实物联系起来，理解语义，对婴儿尽早掌握语言有极大帮助。在 1 岁半后要尽量少用或不用"儿语"，否则会影响幼儿语言和个性的发展。

资料来源：文颐．婴儿心理与教育 [M]．北京：北京师范大学出版社，2011：127.

二、0～6 个月婴儿家庭教养指导的内容

（一）生活习惯教养

1. 喂养习惯

0～6 个月婴儿的生长发育非常迅速，所需要的各种营养素较多，胃、肠道及泌尿系统尚未发育完善，食物的消化、吸收及废物的排泄功能有一定的限制。因此，0～6 个月婴儿的喂养既要满足营养需要，又要符合其生理特点，合理进行喂养。

（1）母乳喂养。

基于婴儿的发育需要，如果母亲的乳汁分泌充足，优先考虑母乳喂养。根据婴儿的需要调节哺乳的时间与频率。年龄越小的婴儿，胃容量小，进奶量少，喂的次数就越多。随着婴儿年龄的增长，胃容量增大，喂的次数也就相应减少。一般来讲，一天喂 6 ～ 7 次，每隔 3 小时左右喂一次，每次 15 ～ 20 分钟。这只是参考时间，应根据婴儿不同情况区别对待。需要哺乳的母亲，要注意乳房的护理，保持乳房的清洁。每次哺乳时，要让婴儿一次吃饱，如果婴儿吃了一半就睡着了，要将其推醒，继续喂。每次喂后，不要继续让婴儿噙着乳头，特别是夜间哺乳或母亲感到疲乏时，更不能让婴儿含着乳头睡觉，以免乳房或母体堵住婴儿的口鼻而引起窒息。母子因故暂时分开时，可定期将乳汁挤出，保存在冰箱内以备婴儿食用。母亲除了患传染病或重病外，一般不要轻易停止母乳喂养。若母亲偶有伤风感冒，可在哺乳时戴上口罩。

（2）混合喂养。

当母乳不足或其他原因不能按时哺乳的，须用代乳品代替一部分母乳来喂养婴儿，称混合喂养。混合喂养的方法和代乳品的用量，可根据母乳的多少来定。一般情况下，先喂母乳，然后再补充一定量的代乳品。若母乳在间隔时间长的情况下够婴儿一次吃的，则可采取一顿纯母乳、一顿代乳品的方法间隔来喂。一天之内母乳哺喂不能少于 3 次，否则将影响乳汁分泌。代乳品可先用少量试喂，根据婴儿吃的情况及消化情况（观察大便）进行调整。根据月龄的增长适当调整用量。

（3）人工喂养。

用牛奶等代乳品完全代替母乳来喂养婴儿，称人工喂养。采用人工喂养，代乳品首选配方奶粉。每日用量根据婴儿体重和月龄计算。冲调奶粉时，奶粉和水的比例一般是 1∶4 到 1∶6，根据不同奶粉而定。具体操作时应根据婴儿胃口大小酌量增减。约 6 个月以后婴儿因添加辅食，奶量可减少，若摄入奶量太多，易使辅食摄入不足，不利于婴儿获得足够的营养。

拓展知识

配方奶粉使用注意事项

婴儿配方奶粉是为了满足婴儿生长发育的营养需要，在普通奶粉的基础上加以调配的奶制品。家长要尽可能按照宝宝的年龄段购买相对应分段的配方奶粉。0 ～ 6 个月的婴儿适合一阶段奶粉，6 ～ 12 个月的婴儿适合二阶段奶粉，12 ～ 36 个月的幼儿适合三阶段奶粉。

配方奶粉大致分为普通配方奶粉和特殊配方奶粉。特殊配方奶粉主要是针对一些特殊体质的宝宝研制的，如早产儿专用奶粉、不含乳糖的配方奶粉（主要针对天生缺乏乳糖酶及慢性腹泻的宝宝）、水解蛋白配方奶粉（适用于急性或慢性腹泻、多种消化酵素缺乏的宝宝）。

奶粉不宜在冰箱里储存。冰箱是低温、封闭、潮湿的小环境，奶粉放入冰箱中储存容易受潮、结块，影响饮用效果。奶粉适宜在阴凉、干燥的地方储存。

开罐的奶粉务必盖严实，袋装奶粉使用后要扎紧袋口。无论是袋装还是罐装，开启后都应尽可能在一个月内吃完。

冲调配方奶粉使用白开水为宜。白开水里含有少量有益的矿物质，如钙、镁等，是宝宝生长发育所需的微量元素。

配方奶粉尽可能现配现用，根据宝宝的年龄段定量冲调，避免宝宝一次喝得太多导致上火，也避免宝宝喝不完浪费。

资料来源：北京市朝阳区教育委员会，北京市朝阳社区学院．让生命起航·0～3岁婴儿篇[M]．北京：中国商务出版社，2016：36-37.

2. 安全防范

人工喂养要注意做好奶具的清洗消毒工作。所用物品包括奶瓶、奶嘴、调奶杯、匙、奶锅等，使用前必须消毒，可放在开水锅内煮10～15分钟。消毒过的奶具要用消过毒的纱布盖上备用，防止污染。奶具每次用完要立即清洗干净。

婴儿自我保护意识薄弱，要格外注意防止其烫伤。给婴儿喂奶、喂水时要先试一下温度，将奶液或水滴于手背上，以不烫为宜。抚育者不要用嘴尝，以免传染病菌。辅食加热后要稍放一会儿，待温凉后喂哺。用微波炉加热的食品，由里向外释放热量，外表温热，内部却很烫，抚育者在喂哺时一定要注意。盥洗用水也不应太热。要让婴儿远离热水瓶、炉子、锅、取暖器等物品。可以让婴儿建立起烫的意识：将稍烫的水杯或热水瓶塞逐渐凑近婴儿的皮肤，使其感觉烫造成的不适感，并强化“烫”这个字，以后再说“烫”时，婴儿就有了感性认识，会自动远离。

由于婴儿有用嘴尝物体的习惯，要注意防止异物入口鼻。在婴儿的视线范围内和可触及的地方以及抚育者提供的玩具都不能有“危险品”。如纽扣、小球、玩具小汽车的轮子、回形针等易被婴儿吞下肚的东西，笔、勺子等棍状物体也不宜给婴儿玩，以免婴儿放在嘴中玩耍时入口太深，也易误伤眼睛。抚育者在使用剪刀、针、螺丝刀等锐器后要及时收好，随用随收。

（二）动作发展教育

对婴儿来说，首先要训练的是颈部，让其先学会抬头，扩展视野。当婴儿空腹时，让其俯卧在床上，两手放在头两侧，成人在一旁用语言进行引导，如说：“宝宝，抬抬头，抬抬头。”每次练习3～5分钟，一天练习3次，每次练习后要让婴儿仰卧休息一会儿，到了3个月左右，婴儿脖子就比较有力了。

婴儿3个月左右，成人可帮助其学习翻身。6个月左右，可以用枕头垫着婴儿的背部使其靠坐起来。经过锻炼，婴儿就能独坐片刻。爬是婴儿最喜欢的运动，也是婴儿独立移动的开始。婴儿学爬先是匍行，从靠腹部爬行，逐渐到靠四肢爬行。练习爬行时，让婴儿俯卧在床上，前面放一个婴儿喜欢的玩具，婴儿会不断地用手去拿，成人可以用手推着婴儿的脚底，帮助他往前匍行。当婴儿学会匍行后，成人可以用一条宽布带或毛巾放在他的腹下帮助其抬起腹部，练习用手膝爬行。

拓展知识

婴儿翻身游戏大合集

家长要让宝宝在快乐中自然而然地完成翻身的任务，要耐心地引导宝宝练习翻身，帮助宝宝成功翻身。

1. 亲子翻身法

让宝宝俯卧或者仰卧在家长的身上，通过家长的翻身，带动宝宝的翻转。这种亲子接触不仅让宝宝有安全感，在共同翻转的过程中也让宝宝有了新鲜的刺激，愿意去尝试。要注意，要与宝宝有一定的距离，不要压到他。

2. 摆弄翻身法

摆弄翻身，就是将宝宝翻身姿势事先摆好，借助外力帮助翻身。让宝宝仰卧，然后在左侧放一个小玩具逗引他，让他有去拿的冲动。这时家长将宝宝的右腿放到左腿上，将右手放在胸上，轻轻地推宝宝的肩膀，使其抬离平面，一边拿玩具逗宝宝，一边用手推其背部，帮助他顺利翻身。

3. 手脚并用法

婴儿体操可以有效地帮助宝宝进行翻身训练。让宝宝仰卧在床上，轻轻地拉着宝宝的一只手，借助玩具、语言的吸引，慢慢顺势带动宝宝翻身。也可以握住宝宝的双腿，顺势带动其翻身。要注意的是，不要逆着宝宝的力量方向拉他的手脚，这样会造成肢体的伤害，所以做这个游戏时一定要小心。

4. 侧卧过渡法

翻身的过渡阶段是侧卧，可通过侧卧来进行翻身训练。用枕头顶住宝宝的后背，使其呈侧卧姿势，用亲子交流或者玩具在宝宝的背后吸引他，让他有翻过来看的冲动，这时将枕头抽走，让宝宝由侧卧变成仰卧，看到背后的东西。用同样的办法让宝宝从侧卧变为俯卧。

资料来源：李苏仁. 0 ～ 5 岁婴幼儿早教大百科 [M]. 长春：吉林科学技术出版社，2010：298.

（三）感知觉发展教育

1. 视觉

视觉是人类最重要的一种感觉。婴儿一出生就有视觉，对光和发亮的物体有反应，但无法看清；3 个月左右会跟踪物体，对色彩有一定辨别能力。婴儿对于颜色已经形成了偏好，让3个月左右的婴儿观看彩色和灰色的圆盘，其注视彩色圆盘的时间差不多是注视灰色圆盘时间的两倍，说明婴儿更为偏好明亮的暖色，而不喜欢暗淡的冷色。5个月左右婴儿手眼协调能力逐步发展，喜欢挥舞着小手去抓取眼前的物品。

2. 听觉

新生儿对声音十分敏感，突然出现的响声会使他吓一跳，而温柔的说话声和优美轻柔的音乐能使他情绪安定、心情愉快。

3. 触觉

婴儿很喜欢与抚育者之间的皮肤接触，抚摸、亲亲、抱抱都能让婴儿感觉到舒适。抚育者应掌握此特点尽可能多地给予婴儿刺激，如在换尿布时摸摸婴儿的屁股，洗澡和换衣服时多多触碰抚摸，可以给婴儿做被动操，既能锻炼婴儿的肌肉，又能增强抚育者与婴儿之间的感情。

3个月左右的婴儿喜欢抓、摸、感受，用手去操纵东西，探索物体的软硬、粗细等。婴儿5个月左右时，可以用各种不同质料的碎布缝成边长40cm左右的正方形垫子（里面塞上海绵），让婴儿去抓、去摸、去感受不同的刺激。等婴儿稍大一些，可提供更丰富的玩具，让其充分去感知，无毒、无味、无棱角、不易咽下的东西都可以作为婴儿的玩具，让其充分与玩具互动，在抓、捏、触碰的过程中发展婴儿的触觉，促进大脑的发育。

4. 综合感官练习

婴儿在认识周围事物的时候，并不是孤立地运用某一种感知觉，而是运用多种感官综合地形成对某一事物的整体认识。抚育者需要为婴儿创造综合感官训练的环境，如和婴儿一起玩一个新玩具，抚育者先拿出来给他看，告诉他这是什么玩具，用手挥动玩具发出响声，鼓励婴儿自己去摸一摸、摇一摇、敲一敲，将看、听、摸等多种感官联系起来，经过反复摆弄，自然地对婴儿进行综合感官练习。

（四）语言教育

1. 创设适宜的语言学习环境

语言环境是学习语言的重要助力。0～6个月婴儿要在适宜的语言环境中习得语言，家长需要采用各种策略，为婴儿创设适宜的语言学习环境。

首先，要用各种语言的声音来刺激婴儿，使其模仿学习发音。家长应在与婴儿的身体接触时多和婴儿说话，这种简单而又始终如一的谈话，对婴儿语言的发展起着非常重要的作用。婴儿的许多发音，都是在成人的语言逗弄下发生的，要尽量提供各种不同的声音，帮助婴儿迅速发展听力与语言能力。其次，倾听是语言学习的重要前提，可以在婴儿睡前播放一些轻柔的摇篮曲，如果有条件，家长自己哼唱摇篮曲，锻炼婴儿的有意倾听能力。

2. 开展早期阅读，激发婴儿的阅读兴趣

适宜的早期阅读材料是开展早期阅读的关键法宝。针对0～6个月的婴儿，可以选择图片、图形、脸谱等读物，读物要求背景简单，色彩对比度强烈，主要认知物突出、明朗，图书最好是大16开。在阅读过程中，家长要边指导婴儿观看画面边用语言进行讲解，采取“点读”的方法，即用手指点着画面或文字，指到哪儿就读到哪儿，以使婴儿的注意力集中指向阅读的内容。每次阅读的时间1～3分钟不等，阅读内容不必频繁更换。

6～7个月的婴儿开始学会独坐，此时，家长可以将婴儿抱坐在自己的膝盖上，和婴儿共同看着画面，让婴儿自由阅读，这种“平行式”的阅读能很好地培养婴儿的阅读兴趣。

3. 在语言游戏中发展婴儿的语言能力

0～3个月的婴儿语言能力培养的重点在于听音和发音能力，语言游戏也以培养这两种能力为主，可以通过发音游戏、唤名游戏、摸脸游戏等发展语言能力。发音游戏就是家长发出一些简单的韵母音，如“ɑ”等，逗弄婴儿学着发音。如果婴儿发出了声音，家长应立即重复他的发音，并且和他反复进行这种游戏。唤名游戏时要靠近婴儿，并面带微笑地呼唤他的名字。2个月左右的婴儿的视力只能看清15～20厘米范围内的物体，刚好能使婴儿在母亲抱他或者哺乳时看清母亲的脸庞，这是婴儿出生后最初几个月中最重要的目光交流。摸脸游戏就是家长可以握住婴儿的小手，放到自己的脸上轻轻地抚摸，并告诉他摸到的五官的名称，使婴儿感知到物体与语言之间的联系。

3～6个月的亲子游戏主要用来提高听力和发音水平，可以玩手指脚趾游戏、镜子游戏、物品指认游戏。此阶段的婴儿喜欢摸、闻、咬、尝自己的手指和脚趾，家长可以握住他的手指与脚趾和他做游戏，数一数手指和脚趾，唱“手指歌”等。玩镜子游戏时，家长抱着婴儿或让婴儿坐在镜子前，告诉他镜子里的人是谁，让他摸摸自己的鼻子、眼睛等。物品指认游戏就是把一些玩具和物品放在婴儿面前，边拿取物品边指认，并发出“指令”，如“把玩具熊拿过来”。一开始，家长可以自己拿取给婴儿做示范或帮助婴儿拿取，渐渐地便可让婴儿独自拿取。

想一想

1. 婴儿不愿意爬的原因是什么？可以用什么方法帮助婴儿练习爬行？
2. 婴儿为什么哭？不同的哭声有什么不同的含义？
3. 叠词、“儿语”对婴儿语言能力发展有什么影响？

案例评析

一哭就抱，好还是不好？

最近西西妈妈很是烦恼，她感觉自己被西西的哭声控制住了——刚把西西放下，西西的哭声随即响起；不过是上个厕所而已，西西也哭得很大声；每次睡觉前，都会哭一场……

西西妈妈发现，只要宝宝哭闹时，自己给宝宝一个拥抱，就能马上止住他的哭闹。让她困惑和纠结的是，她听说宝宝一哭就抱，会宠坏他，这是真的吗？

评析：婴儿对母亲的依恋是一种源于生物性的、渴望接近的愿望，是进化的产物。在生命的最初阶段，及时响应宝宝的需求，能为亲密的亲子关系奠定坚实的基础。从来没有一本权威的书籍提到过“一哭就抱会宠坏孩子”，这种说法是没有任何理论依据的。父母应该清楚：孩子没有无缘无故的啼哭，啼哭是孩子发出需要的明确信号。所以，千万不要忽视孩子的啼哭，更不能训斥、拍打孩子。

如果孩子啼哭长期被忽视，不能及时得到关爱，不能及时满足需要，就会渐渐对母亲产生不信任感，继而对世界产生不安全感，出现依恋障碍。这样的孩子长大以后出现心理障碍的概率会增加很多，他们往往表现为无法对人产生信任，无法建立亲密关系，内心缺乏安全感，很难体验到幸福感。

同步练习

1. 简述 0 ～ 6 个月婴儿大肌肉动作的发展特征。
2. 简述 0 ～ 6 个月婴儿牙齿发育的基本特征。
3. 简述 0 ～ 6 个月婴儿语言发展的特征。
4. 简述 0 ～ 6 个月婴儿动作发展训练的基本方法。
5. 简述 0 ～ 6 个月婴儿语言教育的基本方法。

我的收获

我的问题

解决办法

____

____

____

____

主题2　7～12个月婴儿家庭教养

一、7～12个月婴儿发展特点

（一）身高与体重

婴儿的身高增长在6个月后有所减慢，平均每月增长1～1.5cm。12个月婴儿的身高为75～76cm。

体重的增长相较前6个月也渐缓，6～9个月的婴儿每周增长90～120g，9～12个月的婴儿每周增长60～90g。1岁时的体重达到出生体重的近3倍，大约10kg。

（二）动作与骨骼

1. 大肌肉动作

婴儿9个月左右时，已经具备了爬的生理条件和能力。爬需要抬高并左右转动头部，有利于锻炼颈部肌肉和颈椎的力量；需要胳膊及手腕的力量支撑整个上半身，有利于锻炼胳膊及腕的力量。大多数婴儿在9个月左右开始爬行，少数发育突出的婴儿在6个月左右开始爬行，还有少数婴儿要到1岁左右才开始爬行。

婴儿在10～11月左右开始扶着站立，这是他们开始学习走路的第一阶段。若婴儿扶站已经很稳了，甚至能单独站一会儿，就可以开始练习走路。12个月时，蹲是重要动作，可锻炼婴儿腿部肌肉的力量。12～13个月时，幼儿能够扶着东西行走，在家长持续的帮助与训练下，13～15个月的幼儿已经能行走良好。幼儿能走能跑的时候，就形成了第三个弯曲——腰曲（腰椎前凸）。

2. 手部动作

7个月左右婴儿手的动作有了进一步的发展。此时，婴儿不单是简单地抓握物体，而更多地将注意力放到手中的物体上。他们将各种东西乱敲、乱扔、乱撕，能够同时抓握两三个物体并玩耍，两只手能够协调动作，双手同时抓握，还可以毫不费劲地把一只手里的东西传递到另一只手中。

到了 1 岁左右，婴儿的手已经能熟练摆弄物体，手也成了他们与周围事物发生关系以及认识周围事物的工具。

3. 牙齿发育

婴儿长牙按照一定顺序进行，但也有很多婴儿长牙顺序颠倒，只要牙齿的质量好，长牙顺序紊乱也没有关系。牙齿的发育具有常规性，为保障连贯，故在此将婴儿从开始长牙到长齐乳牙全部展示。

6 ~ 8 个月：下齿槽长出两颗中间的切牙，接着上齿槽长出两颗切牙。

8 ~ 12 个月：上齿槽长出两颗侧切牙，然后下齿槽长出两颗侧切牙。

12 ~ 16 个月：先后在上下齿槽出现第一乳磨牙。

16 ~ 20 个月：先后在上下齿槽长出尖牙。

20 ~ 30 个月：长出下齿槽的两颗第二乳磨牙、上齿槽的两颗第二乳磨牙。

（三）感知觉

视觉是人类最重要的一种感觉，通过视觉探索获得的外部世界信息占总量的 80%。8 ~ 9 个月的婴儿能看到小物体；9 个月左右能较长时间地看 300 米内的人物活动；12 个月左右婴儿对展示的图片有兴趣。

8 个月左右婴儿能把头转向发出声音的方向，能区别语音的意义；9 ~ 12 个月时能听懂几个字，如自己的名字或物品名称等。婴儿偏爱轻松的音乐曲调。6 个月左右的婴儿在音乐声中会用身体动作来表达愉快，1 岁左右能够伴随音乐节拍做出身体动作。

7 ~ 8 个的婴儿已开始分辨出芳香的刺激，这样灵敏的嗅觉可保护婴儿免受有害物质的伤害。7 ~ 12 个月的婴儿还没有形成时间知觉，较难按照成人“天黑睡觉、天亮起床”的作息生活。

（四）情绪情感

7 ~ 12 个月的婴儿经常出现愤怒、恐惧和悲伤等消极的基本情绪。经常通过滚动、撕咬或远离令人不安的刺激物等方式对情绪进行自我调节。能更好地辨认他人的基本情绪。

婴儿的陌生人焦虑一般在 6 ~ 8 个月时发生，6 ~ 7 个月的婴儿见到陌生人开始感到害怕，到 8 个月左右，婴儿明显怕生。随着婴儿与固定抚养人（一般即为所依恋的对象，主要是母亲）情感联结的进一步建立，出现了第二种形式的焦虑——分离焦虑，6 个月左右的婴儿对于依恋对象的离开会更为明显地表现出不高兴、哭闹、不安。

（五）语言

7 ~ 12 个月的婴儿的发音中不同的连续音节明显增多，音调也开始明显多样化，近似词的发音增多，进入语言理解阶段。婴儿最早可以在 9 个月左右说出第一个有特定意义的词语，最晚则在 16 个月左右。婴儿会说出第一个有意义的单词，是其语言发展过程中最为重要的里程碑。并且，婴儿最初掌握的词语都与某一特定的对象相联系，具有专指的性质，如“娃娃”就是指他自己的玩具娃娃，“妈妈”就是他自己的妈妈。婴儿一般较早掌握的是具体名词。

6 个月左右的婴儿，已初步开始理解语言的含义；到 9 个月左右，理解反应迅速发展；到 1 岁左右可以理解十多个祈使句和疑问句。如果把婴儿理解的最小话语单位称为“语元”的话，如“走”“看”等，那么婴儿在这一阶段已经可以理解约 230 个不同的“语元”。

10 个月到 1 岁半，婴儿的前语言交际具有了语言交际功能。虽然他们还不能用语言清楚地表达自己的意见，但可以通过一定的语音、动作和表情的组合去表达自己的意思。具体表现在他们能执行成人简单的指令，并建立相应的动作联系，如成人说“拍拍手”，婴儿就会拍拍小手。但此时婴儿对某种“交际信号”具有相当稳定和牢固的印象，有时对根本不是对他们说的某些语词也会做出反应，如成人对别人说“我们宝宝拍手拍得很好”时，他也会拍手。婴儿的语言交际功能还表现为他们能用一定的语音去表达实体，但缺少概括性。如婴儿会经常用重复的发音来表达某一种意思，他们会说“呜呜”，手指着一辆汽车，告诉成人这是一辆汽车。

二、7～12 个月婴儿家庭教养指导的内容

（一）生活习惯教养

1. 饮食习惯

一般 6～7 个月的婴儿开始学会独立的坐姿，8～9 个月时才能坐得很稳。宝宝能独坐后，就可以开始坐进宝宝餐椅里进食，培养其独立进食的习惯。家长要制作丰富多样的食物，让婴儿吃上多样的辅食。婴儿在 1 周岁以内，营养摄入的主要来源仍是奶类。如果婴儿喜欢吃辅食，不喜欢吃奶，父母要尽量让婴儿吃够奶量。多数婴儿后半夜应不喂奶。让婴儿初步适应咀嚼、吞咽固体食品。1 岁前不吃盐，1～3 岁少盐、不吃糖。初尝食物时避免将食物混合让婴儿食用，以免发生过敏后，不易找出致敏食物。

从婴儿出生开始，就要有意识地保持婴儿口腔卫生，清洁舌苔和牙齿。婴儿长牙前在吃、喝后可喝几口白开水吞下漱口，长牙后开始被动刷牙。

拓展知识

如何给宝宝断奶?

一直以来的观念认为，宝宝 1 周岁左右，母乳的量和质都已不能满足宝宝生长发育的需要，此时辅食的需求量增加，正是宝宝断奶的适宜时期。其实这是从成人的角度看母乳喂养、看断奶，是成人认为该给宝宝断奶了，这对宝宝而言是

不公平的，宝宝是被动的，难怪他会哭泣、会难过、会愤怒，这也是断奶不易的原因所在。

什么时候给宝宝断奶，并没有一个明确规定的时间。世界卫生组织建议婴儿母乳喂养到 2 周岁或以上，国际母乳会也建议如此。鉴于此，我们就不必因为孩子 1 岁还在吃奶而紧张。

断奶并不意味着妈妈和宝宝在母乳喂养过程中建立起来的亲密感将从此结束。即使断奶了，奶制品仍然是宝宝的重要营养来源。也就是说，即使不吃母乳，宝宝也应该继续吃配方奶等。

断奶的注意事项：

（1）断奶的时候，千万不要无视宝宝的主动性而强制性地给宝宝断奶。

（2）不要采用涂药水等欺骗性的方式给宝宝断奶。

（3）断奶时，宝宝会有很多不适应，让宝宝感到依然被爱很重要，如果妈妈以前经常用喂奶来安抚宝宝，现在就该改用其他方式来安抚宝宝，比如给宝宝读书、和宝宝一起唱歌，或者带宝宝出去玩，等等，只要不让宝宝感觉到和妈妈分离了就好。

（4）断奶是宝宝从依赖到独立的过程，这是一个循序渐进的过程，而不是突然性的，妈妈需要耐心，更需要信心。

资料来源：北京市朝阳区教育委员会，北京市朝阳社区学院. 让生命起航 · 0 ～ 3 岁婴儿篇 [M]. 北京：中国商务出版社，2016：60.

2. 生活制度

养成固定的大小便、盥洗、睡眠和活动的生活制度，能够有效促进婴儿的健康成长。逐步培养婴儿每天规律排便的习惯。有意识地训练婴儿穿脱、盥洗配合动作。充足的睡眠是婴儿成长的必要条件，家长要引导婴儿形成定时睡眠的习惯。适当的锻炼和晒太阳能促进婴儿发育，可以在上、下午各进行一次婴儿被动操，增强婴儿的免疫力。

拓展知识

抚触促进婴儿成长

一项“婴儿期抚触对儿童智力发育影响的效果观察”的研究发现，出生后 0 ～ 2 个月开展抚触的儿童，比不做抚触的儿童智能发育指数（MDI）高 7.4 分。换言之，做抚触有助于宝宝的智能发育。

抚触的时间在沐浴前后、两餐之间，或者宝宝情绪好的时候都可以，不宜在宝宝太饱或太饿时进行。最好在宝宝吃完奶 20 ～ 30 分钟之后再开始。

抚触越早开始越好，并养成习惯，每天进行1～2次，每次15分钟左右，房间适宜的温度在25℃左右。

抚触前需在双手上涂抹适量婴儿润肤油。抚触的顺序从前额开始，依次是下巴、头、胸、腹、手、脚、背、臀。抚触的手法有很多，可以灵活运用。要注意的是开始时力度要轻，逐渐增加力度，让宝宝慢慢适应。

抚触六部曲：

（1）头面部：舒缓脸部紧绷。

永远的微笑：从前额中心处用双手拇指往外推压，在下颌同样用双手拇指推压向耳前划出一条弧线。

（2）胸部：顺畅呼吸循环。

交叉循环：双手放在婴儿两侧肋缘，右手向右斜上方滑向宝宝右肩，复原，左手以同样方法进行。

（3）腹部：有助肠胃活动。

顺时针按摩：按顺时针方向按摩腹部。在脐痂脱落前不要按摩该区域。

（4）上肢：增强灵活反应。

捏挤扭转，反反复复：让婴儿双手下垂，用一只手捏住其胳膊，从上臂到手腕部轻轻挤捏。

搓滚小手：用四指按摩手背，用拇指从手掌心按摩至手指。

（5）下肢：增强运动协调能力。

捏挤扭转，反反复复：按摩婴儿的大腿、膝部、小腿，从大腿至踝部轻轻挤捏。

搓滚小脚：用拇指从脚后跟按摩足心至脚趾。

（6）背部：舒缓背部肌肉。

分分合合，上上下下：双手平放在背部脊柱两侧，从颈部向下按摩至骶尾部。

资料来源：北京市朝阳区教育委员会，北京市朝阳社区学院．让生命起航·0～3岁婴儿篇[M]．北京：中国商务出版社，2016：24-26.

3. 安全防范

7～12个月的婴儿学会了爬、站、蹲，还能扶着东西行走，活动范围大大扩展，家长要注意环境中的安全防范。

婴儿活动场所的电器、电线等要放置在婴儿不能触摸到的地方，室内离地1米以下的各种电源插座应安装安全扣；成人的化妆品、首饰要放在抽屉中妥善保管；桌椅、茶几等有尖锐角的家具边缘可以用海绵条包起来；洗涤剂等化学制剂应远离婴儿；家居环境保持清洁，每天用消毒液擦洗婴儿活动场所，并对婴儿生活用品、玩具等定期分类消毒。婴儿学习走路期间，应注意地面的条件，可以在室外草地上、室内铺垫的地板上或硬床上进行，要有成人看护，看护距离在一臂之内，便于看护者及时做出反应。

拓展知识

我国儿童免疫规划程序

我国儿童免疫规划程序如表 2－4 所示。

表 2－4　我国儿童免疫规划程序

疫苗名称	接种时间	接种剂次
卡介苗	出生时	1
乙肝疫苗	0、1、6 月龄	3
脊髓灰质炎疫苗	2、3、4 月龄，4 周岁	4
百白破疫苗	3、4、5 月龄，18 ～ 24 月龄	4
白破疫苗	6 周岁	1
麻风疫苗（麻疹疫苗）	8 月龄	1
麻风腮疫苗	18 ～ 24 月龄	1
乙脑减毒活疫苗	8 月龄、2 周岁	2
A 群流脑疫苗	6 ～ 18 月龄	2
A+C 流脑疫苗	3、6 周岁	2
甲肝减毒活疫苗	18 月龄	1
乙脑灭活疫苗	8 月龄、2 周岁、6 周岁	4
甲肝灭活疫苗	18 月龄，24 ～ 30 月龄	2

资料来源：张峰．北京儿童医院专家课：小儿保健与养护 [M]．南京：东南大学出版社，2015：178.

（二）语言教育

1. 创设真实丰富的语言环境，促进婴儿语言发展

如果婴儿的家庭语言环境较好，那么他开始说话的时间会比较早，语言能力较强。丰富的生活环境，是婴儿学习语言的源泉。成人应给婴儿提供适当的语言环境，根据婴儿直观感知的特点创设条件，丰富生活内容，让婴儿在实践中认识世界，通过各种感官直接感知，包括听、看、触、摸、尝、闻等，获得对周围一切的知识，继而发展语言。

2. 在活动中与婴儿交流，及时强化与反复练习

语言是与实际的生活场景紧密联系的，婴儿学习语言，也需要家长不断地在各种生活活动中与其进行交流，如讲一讲正在做的事情，讲一讲接下来要做的事情，讲一讲之后想要做的事情等。真实的活动情境中的交流，能使婴儿说话发音的频率增加，在不断练习中促使婴儿语言能力不断提高。当婴儿试着学习一种新语音时，一定要及时给予鼓励。如可以鼓掌拍手叫好，或亲亲他、摸摸他的头等，这种热情的鼓励将使婴儿很受鼓舞。

3. 开展早期阅读，培养婴儿良好的阅读习惯

此阶段的婴儿对书会充满兴趣，应开展早期阅读活动，给予婴儿阅读的空间和时间，培养婴儿良好的阅读习惯。如拿书的方法、阅读的正确姿势、读完要将图书归位等良好习惯。家长需要信任自己的孩子，允许婴儿独立翻阅书，虽然此时婴儿可能会把书拿颠倒了，可能会从后向前翻书，或一次连翻好几页等，这些看似捣乱的行为实则是婴儿正在“研究”和“探索”书籍的表现，家长千万不要呵斥或制止。

想一想

1. 断奶对婴儿而言意味着什么？什么阶段给婴儿断奶比较好？
2. 抚触对婴儿的身心发展有什么作用？抚触的注意事项有哪些？
3. 计划免疫对婴儿的作用有哪些？ 1岁前婴儿需要打哪些疫苗？

案例评析

婴儿能在学步车里学习走路吗?

佳文10个多月时，妈妈为她选购了一辆漂亮的学步车。一坐上学步车，佳文就在车内独自玩挂在车上的玩具，在学步车里蹒跚学步。但让妈妈百思不解的是，在学步车里走得很好的佳文，学会走路却比别人家的孩子晚，3岁了走路还不稳。到医院一检查，才知道佳文患了罗圈腿。

评析：学步车将婴儿固定在其内，使婴儿失去了大运动锻炼的机会。大运动锻炼包括爬、站立、弯腰、行走等，能加强身体各部位运动的协调性。婴儿的骨骼柔软，而学步车的滑动速度过快，婴儿不得不两腿蹬地用力向前走，时间长了，容易使腿部骨骼变弯形成罗圈腿。

同步练习

1. 简述7～12个月婴儿牙齿发育的规律与特征。
2. 简述7～12个月婴儿情绪情感发展的基本特征。
3. 简述7～12个月婴儿语言发展的特征。
4. 简述7～12个月婴儿语言教育的基本方法。

我的收获

我的问题

解决办法

主题3 0～1岁婴儿家庭教养的常见误区及指导策略

一、母乳喂养误区

（一）怕肥胖

现代女性在生育后，大多都急切希望能恢复昔日苗条的身材，有一些新妈妈甚至因此在生育后拒绝给宝宝哺乳，理由是怕出现乳房下垂、身材走样等问题。其实，新妈妈身材走样并非母乳喂养所造成的，恰恰相反，母乳喂养有促进形体恢复的作用。产妇过量补充营养才是造成身材走形的主因，正所谓“一个人吃两个人的分量”，若能坚持母乳喂养，可把摄入的多余营养提供给婴儿，保持供需平衡。而且婴儿的吸吮过程会反射性地促进母亲催产素的分泌，促进子宫的收缩，能使产后子宫早日恢复。

（二）怕劳累

某些剖宫产的新妈妈因为担心哺乳的动作会弄疼伤口，所以不愿意立刻给婴儿喂奶。事实上，婴儿出生头一两天的喂养很重要。新生儿在出生后 20 ～ 30 分钟之内，吸吮反射最为强烈。有不少新妈妈奶水不足的原因之一是对乳房的吮吸刺激不足。生产后头一两天，婴儿的吮吸对乳房的刺激，除了能让婴儿适应吮吸乳头的感觉，养成良好的吮吸习惯，也能刺激母乳的分泌，保证哺乳期乳汁的足量供应。对于剖宫产的产妇，只要掌握正确的抱婴、哺乳姿势，是不用担心扯动伤口的。

（三）怕疼痛

有的新妈妈因为喂奶时乳房和乳头疼痛，所以不想母乳喂养。出现乳房疼痛、乳头破裂其实是因为喂养方法不当、含接姿势不对。在喂养的过程中一定要注意让婴儿充分含接乳头，婴儿的含接姿势不对就极容易导致乳头破裂，要将乳头、乳晕尽可能包含在婴儿的口腔内，让婴儿的嘴唇包绕在乳窦的部位进行吸吮最省力，效果也最好，也可以避免乳头破裂和疼痛。

母乳喂养后乳头破裂的护理方法是：在每次喂奶之前，先做热敷并按摩乳房，刺激排乳反射，然后进行母乳喂养；喂完母乳之后，挤出少量的乳汁涂抹在破裂的乳头表面，进行局部的保养护理。

二、照书本养孩子误区

许多年轻父母以书为标准喂养孩子，特别是初为人父人母，会对孩子格外珍视，有的过分认真地执行书本上的要求，认为这样才是科学的。比如书上说 8 个月会爬、1 岁半会串珠子，如果自家的孩子不会，就异常着急，以为是孩子的智力发育有问题。虽然书本是人们智慧的凝聚，但人类的成长是最具有个别性差异的，“尽信书不如无书”，在教养婴儿时，应站在书本经验的基础上，关注婴儿自身发展的特性，顺势而教。要明确的是，书本上介绍的婴儿发展水平不一定与自家孩子的实际情况相符，有的孩子可能说话早些，有的孩子可能走路早些，每个孩子的成长路线都是不一样的。

把书作为“参考答案”，而不是“标准答案”，当孩子与书上说的哪点不一样时，不要着急，应综合考虑孩子的发展情况，比如孩子不会爬是不是因为穿得多了，孩子不会说话是不是因为没给他说话的机会。

三、早教课认知误区

随着社会经济的发展、双职工家庭的增加，早教课成为越来越多家长选择的课程。

但有的家长对早教课的认知是存在误区的，他们认为早教课的主体是孩子，早教课的责任在老师。

有的家长把孩子扔到早教课堂上，让孩子跟着老师学，自己心不在焉，不能全身心地投入，在一旁聊天、随意走动或打电话。其实，早教课教的不仅仅是孩子，更是家长。父母全身心投入早教课堂，有助于建立科学的早期教养理念，了解育儿知识，获得更多关于婴幼儿成长发展的知识与技能，比如把握孩子的敏感期，明确孩子在每个成长阶段的特点、兴趣和能力，掌握一些婴幼儿教养的方法与技能等。

作为孩子的第一任老师，家长不能将教育的责任全部寄托在早教课的老师身上。早教课的老师主要起到示范和引导的作用，帮助家长和孩子进行互动游戏。父母的参与与陪伴，能够更好地促进孩子的成长与发展，使得亲子关系进一步加深。有的家长给孩子报了早教班，因为自己工作繁忙，就让孩子的爷爷奶奶、外公外婆，甚至保姆来陪孩子参加早教课，完成“陪读”的角色，将早教课的责任全部寄托于老师身上，这是无法达到最好的教育效果的。

想一想

1. 母乳的营养成分有哪些？
2. 早教课的主体是谁？为什么？

同步练习

简述母乳喂养与产后肥胖的关系。

我的收获

____

____

____

____

我的问题

____

____

____

____

解决办法

____

____

____

____

模拟测试

一、单选题

1. 叩击婴儿的足底时，婴儿表现出足底屈曲、脚趾收紧，这种本能（非条件）反射是（　　）。

A. 摩罗反射　　B. 踏步反射

C. 掌握反射　　D. 足握反射

2. 婴儿脊柱的生理弯曲形成顺序是（　　）。

A. 胸曲—颈曲—腰曲　　B. 颈曲—胸曲—腰曲

C. 腰曲—颈曲—胸曲　　D. 腰曲—胸曲—颈曲

3. 婴儿见到陌生人时感到害怕，明显怕生，意味着进入了陌生人焦虑阶段。婴儿的陌生人焦虑发生的月龄一般是（　　）。

A. 4 ～ 5 个月　　B. 10 ～ 11 个月

C. 6 ～ 8 个月　　D. 3 ～ 4 个月

4. 在婴儿睡前播放一些轻柔的摇篮曲，或者家长哼唱摇篮曲，这能锻炼婴儿的（　　）。

A. 发音能力　　B. 有意倾听能力

C. 表达能力　　D. 阅读能力

5. 造成新手妈妈产后身材走形的主因是（　　）。

A. 疲劳带娃　　B. 母乳喂养

C. 产后过量补充营养　　D. 激素分泌

二、多选题

1. 婴儿哭声背后的原因可能是（　　）。

A. 饥饿　　B. 犯困

C. 尿湿　　D. 疼痛

E. 生病

2. 7～12 个月婴儿语言教育的方式包括（　　）。

A. 创设真实丰富的语言环境　　B. 教育婴儿书写

C. 在活动中与婴儿交流　　D. 开展早期阅读

3. 0～6 个月婴儿的喂养方式包括（　　）。

A. 母乳喂养　　B. 混合喂养

C. 独立喂养　　D. 人工喂养

三、简答题

1. 简述 0～6 个月婴儿语言教育的方法。

2. 简述婴儿牙齿发育的顺序。

3. 简述 7～12 个月婴儿饮食习惯的培养方法。

四、案例分析题

聪聪妈妈最近非常着急，聪聪已经 7 个月了，就是不翻身，可是书上都说这个阶段的孩子应该会翻身了。聪聪妈妈说："把他侧过来，他就打挺，只喜欢平躺着玩。这样下去，会不会影响宝宝发育呀？"针对这个情况，你会如何引导聪聪妈妈科学育儿？

项目3 1～2岁幼儿家庭教养指导

学习目标

知识目标

理解与掌握1～2岁幼儿的身心发展特征，明确其发展的顺序性和阶段性特点，理解1～2岁幼儿家庭教养中的误区。

能力目标

掌握1～2岁幼儿家庭教养的原则与方法，规避1～2岁幼儿家庭教养中的误区，促进幼儿健康成长。

素养目标

秉持中华优秀传统家教思想，传承优秀家庭教养理念与方法。

思维导图

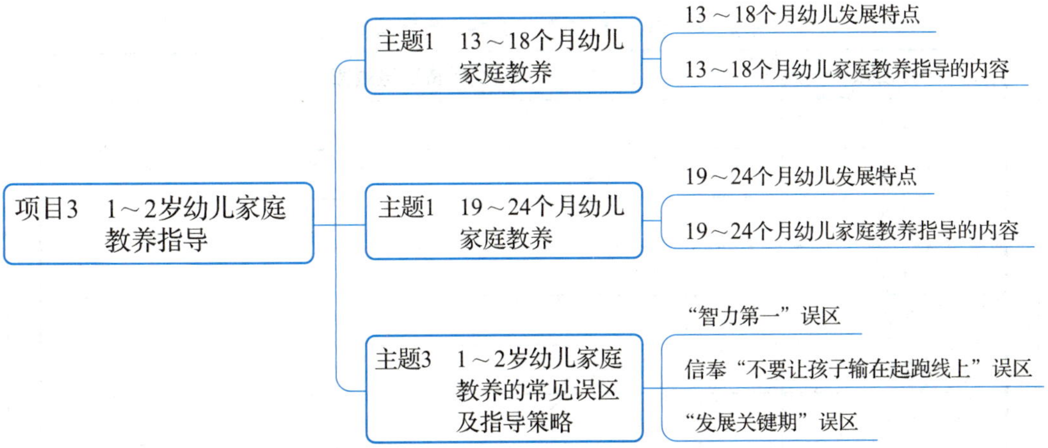

情境导入

爱抢东西的淘淘

1岁半的淘淘变得很霸道，家里的玩具已经堆成了小山，但是他在小区里玩的时候，每当看到其他小朋友手上有玩具，二话不说就抢过来玩。最初，淘淘妈妈并没有把这件事放在心上，每次都给他讲道理，但收效甚微。随着抢玩具的次数越来越多，淘淘被“投诉”的次数也越来越多。有一次，淘淘到小区的游乐场滑滑梯，有个小朋友过来对他说：“我不跟你玩！我奶奶说你是小强盗！”淘淘妈妈听了觉得很难过，她不是没有教育淘淘，但每次教育完不久淘淘又开始抢别人的玩具了。

点评： 淘淘霸道的行为让妈妈头疼不已，让淘淘变得霸道的本质原因是什么呢？是自我意识的觉醒。1岁多的幼儿经历着自我意识的觉醒，他们会认为只要是自己喜欢的就是“我的”，无法区分自己和他人、自己和环境，认为别人的也是“我的”。每个孩子都会经历这样一个极端的自我中心时期。因此，家庭教养应该在尊重孩子的发展特征的基础上，进行一定的引导。

热身思考

1. 1～2岁幼儿的身心发展特征是什么？对幼儿家庭教养起到什么作用？
2. 1～2岁幼儿家庭教养的重点是什么？有什么误区？

任务探索

任务探索1： 结合表3-1，梳理13～18个月幼儿身心发展特征与规律。

表3-1　13～18个月幼儿身心发展特征与规律

身心发展	发展特征与规律
体重	
身高	
动作	
注意	
记忆	
情绪情感	
语言	
社会性	

任务探索 2： 结合表 3－2，梳理 19 ～ 24 个月幼儿身心发展特征与规律。

表 3－2 19 ～ 24 个月幼儿身心发展特征与规律

身心发展	发展特征与规律
体重	
身高	
动作	
感知觉	
情绪情感	
语言	
社会性	

主题 1 13 ～ 18 个月幼儿家庭教养

一、13 ～ 18 个月幼儿发展特点

1 岁后，幼儿的身心发展都有了很大的变化，尤其是认知和心理发展变化巨大，了解与掌握他们的阶段发展特征是十分必要的，家长需要针对幼儿的发展特征与发展目标，开展适宜的家庭教养。

（一）身高与体重

经过了第一年的迅猛发展期，幼儿的身高、体重在第二年的增速有所下降。考虑到第二年内，幼儿的身高体重变化趋势呈平稳态势，故在此以一年为期限，讨论幼儿的身高体重发展水平，不另行区分 13 ～ 18 个月和 19 ～ 24 个月。

1 ～ 2 岁幼儿的身高和体重几乎直线式增长，表现为身高每月平均增长 0.83cm，体重每月增长 150 ～ 200g。第二年内，幼儿的身高几乎能长高 12cm，体重一般能增加约 2kg，即身高约 90cm，体重约 12.5kg。

（二）动作与骨骼

1. 大肌肉动作

1 岁之后，幼儿已经会蹒跚地走路，探索能力逐渐增强，一扇新的大门正在敞开。

15个月左右，幼儿动作发展日益灵活，可以爬楼梯，还能拾起地上的东西而自己不跌倒，身体平衡力和灵活性进一步发展。18个月左右的幼儿走得平稳，能按照指定的方向行走；他们还能够开始学跑，但上肢动作和下肢动作不协调。总的来说，这个阶段幼儿的行走动作具有以下特点：速度快而步子小，脚趾向外张开，全脚掌着地，手臂抬到较高的位置摆动，行走中两腿分开程度较大。

拓展知识

学步车的弊端

儿童学步阶段，要不要使用学步车？经过调查研究，答案是否定的。原因如下：

首先，学步车把儿童束缚在狭小的车身里，限制了儿童自由活动的空间。

其次，学步车减少了儿童锻炼的机会。在正常的学步过程中，儿童是在尝试、摔跤和爬起中学会走路的，这种锻炼有利于提高儿童身体的协调性。同时，儿童在挫折中慢慢成功会产生自豪感，对增强其自信心很有好处。然而，学步车则减少了儿童自主锻炼的机会。

最后，学步车容易酿成可怕的意外事故，使儿童面临危险。一些成人将儿童搁置在学步车中，就去忙其他的事情，这样容易使儿童发生撞伤，或者接触到危险物品。儿童借助学步车能够自己快速进入危险地带（包括靠近利器、火炉、热水、有毒物品、药品、酒精等），其本身又没有防范意识和能力，因而容易发生手指夹伤、擦伤、划伤、烫伤和中毒等安全事故。同时，学步车使儿童能够快速运动，加之学步阶段的儿童头部较重，因此，一旦从楼梯上翻下或因地面不平而翻倒，儿童的头部很容易受伤。根据美国消费者产品安全委员会的统计，每年约有8 800名15个月以下的儿童由于使用学步车而受伤。英国也曾有研究数据显示，儿童用学步车时发生的伤害事故的概率远高于使用其他儿童用品发生事故的概率。

资料来源：周念丽. 0～3岁儿童心理发展[M]. 上海：复旦大学出版社，2017：54.

2. 手部小肌肉动作

12～18个月幼儿的手部小肌肉动作发展不断成熟，能够完成抓握、双手控制及敲打、垒叠物品、画画、翻书、拧、捏等的动作。开始学会根据物体的特点和功用，比较熟练地玩弄和运用这些物体，如用茶杯喝水，拿小匙子吃饭，自己穿、脱衣服，等等。幼儿开始将手作为工具使用，但并不能很好地掌握。如拿汤匙吃饭，他不停变换握匙的姿势，饭未到嘴边，已洒得桌上、地下到处都是。经过不断地重复，才能熟练地掌握使用汤匙的方法。

（三）认知发展

1. 感知觉发展

13～18个月幼儿的视力发展迅速，能够注视悬挂于3米远的玩具。听觉日渐成熟，能区别不同的声音的差异，如狗的叫声和汽车的喇叭声是不会被混淆的。幼儿的触觉有高度的灵敏性，能对接触身体的被褥或衣服产生的任何不舒服的刺激做出强烈的反应。

拓展知识

皮亚杰：感觉运动阶段

皮亚杰将儿童的认知发展划分为4个阶段：感觉运动阶段、前运算阶段、具体运算阶段、形式运算阶段，每个阶段都具备特定的认知过程。其中，感觉运动阶段和前运算阶段的初期发生在0～3岁婴幼儿阶段。感觉运动阶段的特征是：婴幼儿使用他们的感觉和动作行为来探索周围的世界，这个时期通常是从出生到2岁。皮亚杰又将感觉运动阶段分为6个子阶段，前3个子阶段主要关注婴幼儿的身体，后3个子阶段描述的是与智力相关的图式的作用。

1. 第一个子阶段：反射阶段（0～1个月）

生命的头一个月是本能反射阶段，新生儿为适应外界环境开始不断重复练习多种反射行为，比如吮吸、哭泣和抓握等，同时在进行反射行为时经历同化和顺应。

2. 第二个子阶段：初级循环阶段（1～4个月）

此阶段也可以称为运动习惯与知觉形成阶段，婴儿开始控制自己的反应。所谓循环反应就是指动作持续重复很多次，而且这些行为的出现不需要外界物体的刺激。婴儿关注的是动作本身，动作的目的仅仅是重复动作，而并非探索物体。通过反射和偶尔与环境的互动，婴儿开始学习新的技能。比如，婴儿很偶然碰到一个玩具，他用手臂的动作将这个玩具碰到了，这时，他可能继续做这个动作，经过重复使用手臂，手臂的活动能力得到了锻炼，动作变得更加准确，手眼协调能力也得到了提高。

3. 第三个子阶段：次级循环阶段（4～8个月）

此阶段也称为“有目的的动作形成阶段”。在这个阶段，婴儿的动作变得更加有目的性，能够有目的地探索物体，会观察其动作造成的后果。比如，婴儿玩拨浪鼓，拨浪鼓会发出声音，他就会重复摇拨浪鼓让其发出声音。所谓“次级”，就是指反应是由环境中的某些物体而不是婴儿本身造成的。同时，婴儿也开始模仿简单的动作，但只是模仿自己能够看见或听见的动作，比如挥手或发音。

“部分客体永久性”将在此阶段出现，客体永久性是一种记忆技能，是指即使没有看到物体本身，婴儿仍能够记住物体的存在。这个技能是获得更高层次技能的重要基础。

4. 第四个子阶段：次级循环反应协调阶段（8～12个月）

此阶段也可以称为“手段与目的相协调阶段”。这个阶段的婴儿表现出真正的“手段－目的”的行为模式。这种行为模式表明，婴儿已知道如何得到自己想要的东西，也能够了解为达到某一个目的而需要的解决方法。同时，婴儿的模仿技能得到了进一步提升，开始模仿声音，在这个阶段后期可能发出简单的单词。婴儿在此阶段还只能达到“部分客体永久性”的水平，但已经能够区别自我和客体，并且能够以一种有目的的方式作用于物体。

5. 第五个子阶段：三级循环反应阶段（12～18个月）

在此阶段，幼儿重复动作，改变他们的行为，并观察将会发生什么。其解决问题的能力得到了一定的发展，包括开始学习尝试错误。幼儿的因果关系思维正在发展，客体永久性的水平也在继续发展。皮亚杰认为，幼儿在这个阶段建立起全新的图式，能够走动的能力给他们提供了新的学习机会、与环境互动的机会。随着记忆能力的提高，他们开始通过“看”来学习；随着语言的获得，也能够通过“问”来习得新的知识。1周岁后幼儿不仅能够有目的地行动，还会更加系统地探究其周围的环境。

6. 第六个子阶段：思维开始阶段（18～24个月）

这是一个介于感知运动阶段和前运算阶段之间的过渡阶段，也是符号表征的阶段。幼儿开始能够在思维过程中解决简单的问题，能够从心理上描述物体和动作，发现新的方法去获取某种东西。其模仿能力和客体永久性的能力也得到了提升，并开始假装某个动作。符号思维让幼儿能从心理上描述并组合信息、物体和事件。不断发展的记忆技能让幼儿利用过去的经历来解决现实的问题。幼儿已经具备了延迟模仿的能力，比如，看见一个小朋友将垃圾扔到垃圾桶里，第二天自己也可能会学着将垃圾扔到垃圾桶里。这表明，幼儿此时已经可以通过内化的模仿，积累大量的表征素材，即思维内容。客体永久性的难题得到了解决，幼儿开始知道物体是存在的，只是被藏了起来，不管是被藏在哪里，物体始终是存在的。

资料来源：万湘佳，孙峰，林海玲．0～3岁婴幼儿保育与教育[M]．北京：北京理工大学出版社，2018：46-47.

2. 注意的发展

1～2岁幼儿的额叶发育尚不充分，仍以无意注意为主。13～18个月幼儿的双手操作能力得到发展，特别是可以独立行走后，他们发现可以探索的世界变大了，更惊喜的是可以进行一些独立的探索活动了。他们开始主动关注周围的环境和各种事物，充满了好奇心和探索的欲望。但他们还很难自我控制，让自己的注意力集中在当前的探索活动中，总是一不小心就被其他事物“勾走”了。但随着幼儿大脑发育和自我控制能力的发展，幼儿的有意注意开始萌芽，并逐步发展。

3. 记忆的发展

幼儿的记忆保持时间随年龄增长而不断延长，记忆的容量也在不断扩展，2岁前的识记以无意识记为主，一般缺少明确的目的，因此其感兴趣的、外部特征突出的、带有情绪色彩的事物、动作以及相关动作顺序等最容易被记住。随着记忆能力的提升，1岁左右的幼儿发展起了客体永久性，即当知觉对象从视野中消失时，认识主体仍能知道它存在，这个时候如果将幼儿眼前的物体用布遮住，他会知道东西仍然存在，会掀开布去寻找。从记忆的角度来看，幼儿会去寻找被隐藏的物体，是因为虽然物体的形象从眼前消失，但其大脑中保存有该物体的印象。

拓展知识

"儿时记忆"去哪了?

你还能回忆起3岁之前的事情吗？相信大多数人的回答是"不能"，即便能回忆起来，大部分也是模糊甚至虚构的。

生命最初的两三年对每个人都至关重要，在这段时间里像走路、说话、基本认知的启蒙等，都是婴幼儿需要掌握的复杂技能。这些技能我们一生都不会遗忘。但是，为什么这段时间里的记忆却不见了呢？

其实，这就是所谓的"婴儿期记忆缺失症"。

为什么会产生婴儿期记忆缺失这一现象呢？

1924年，弗洛伊德率先对此做出解释。他提出婴儿期记忆缺失的原因来自个体对性和攻击冲动的压抑，因而将童年的记忆阻断在成人意识之外。

在这之后的一个世纪里，研究者相继从不同的角度提出了很多理论假设，以试图解释这一现象。

从认知和社会不连续理论角度来看，研究者认为婴儿期记忆缺失是因为个体向成人思维模式的发展过程中存在认知图式的转变。当儿童在成长过程中，能够担任新的角色、新的责任，以及遵循新的成人世界的标准时，这一转变便得以发生并使得儿童无法获取早期的记忆。

从神经机制的发展来看，研究者认为婴儿大脑的一些重要部位（如海马区及其他大脑皮层区）的机能尚未发展成熟，这是导致婴儿期记忆缺失的重要原因。

从自我认知和语言因素来看，一方面，由于婴儿缺乏对"自我"的认知，因此难以将自己的经历很好地组织起来，从而记住这些事件；另一方面，婴儿还不具备发展成熟的言语系统，或是能够对情景经历进行编码、存储和提取的知识体系。研究人员认为，这两方面是导致婴儿期记忆缺失的主要原因。

资料来源：倪伟波."儿时记忆"去哪了[J].科学新闻，2014（10）：78-79.

（四）情绪情感

12个月以后的幼儿已经对他人的表情非常敏感，在此基础上开始出现对幽默最早的回应。面对成人夸张的表情，幼儿常常会咯咯大笑，说明这个阶段的幼儿已经能从成人带表演性质的较为夸张的表情中理解幽默。

13～18个月的幼儿已经能够用哭泣和微笑的面部表情或者比较本能的动作来表达情绪了，他们会用肢体有意识且比较规范地表达自己的情绪。比如在高兴的时候会拍手，而在不开心或不想要的时候会用摆手来进行自我表达。这个阶段的幼儿还能用挥手表示打招呼或者再见。

社会情绪的发展也在这个阶段有较大进步，13～15个月的幼儿开始产生同情心理，并尝试安慰哭泣的伙伴。这种同情心在某种程度上源自另一种现已被充分理解的幼儿早期技能，那就是分辨周围人的脸部表情的能力。伴随着认知和自我意识的发展，1岁多的幼儿逐渐开始产生自豪、羞愧、焦虑等较为复杂的情绪。

（五）语言

1周岁后，是幼儿正式开始学习语言的时期。13～18个月的幼儿语言学习处于口语萌芽阶段，也称单字句阶段。他们可以理解简短的语句，能理解和执行成人的简单命令；能够重复成人说过的话，谈话时会使用一些成人听不懂的表达，与之亲近的家长能够结合生活实际情境理解这些独特的表达；经常说出的词语有20个左右，能理解的词语数量比能说出的要多得多；喜欢翻看图画书，对图画书中的图片十分感兴趣，在翻看时还会用手指指点点；会对看到的物体以形象特征进行命名，用一个名称代表很多具有相同特征的事物，如用“圆圆”称呼苹果等形状近似圆的东西；喜欢用一个字来表达许多意思，如“水”，可能表示“我要喝水”，也可能表示“我要玩水”。这个阶段的幼儿开始不是单纯地模仿成人的发音，而是自己说出一些有真正语言意义的字、词，这标志着口语能力的真正产生。

（六）社会性发展

1. 自我意识的发生与发展

12个月以后，幼儿有了自我意识。他们开始知道自己的名字，能用自己的名字称呼自己。还能意识到自己身体的各部位，以及身体的感觉，意识到自己做出的动作所带来的力量，如用手能把玩具捏响，用脚能把球踢走。

拓展知识

个体自我意识的产生——红点实验

19世纪，达尔文和普莱尔通过观察婴幼儿照镜子的反应，来探究婴幼儿是否具有自我意识。阿姆斯特丹（B. Amsterdam）在对镜子实验进行调整的基础上，提出了自己独具特色的研究方法：不让婴幼儿觉察，在他们的鼻子上用胭脂点个红点，然后让婴幼儿照镜子，观察他们对镜子中映像的反应。阿姆斯特丹假设，若婴幼儿在照了镜子之后，能利用镜中的映像立即去摸自己的鼻子，就表明婴幼儿已能够将映像与自己的脸联系起来，认识自己的形象了。根据这个自我意识发生的标准，阿姆斯特丹对3～24个月的88名婴幼儿做了研究。研究发现婴幼儿自我意识的发生要经历三个阶段：第一个阶段——游戏伙伴阶段。婴幼儿看到镜中自己的映像后，对着映像微笑、发声，拍打映像，并试图去镜子后面找不存在的人。第二阶段——退缩阶段。婴幼儿见到镜中的映像会感到害怕，从镜前退缩。第三阶段——自我意识的出现。婴幼儿一见到镜中的映像就立即去摸自己鼻子上的红点，而不去碰镜中映像的鼻子。根据阿姆斯特丹的研究，发现24个月的幼儿几乎都有第三阶段的反应。

刘易斯（Michael Lewis）和布鲁克斯冈恩（Jeanne Brooks-Gunn）通过简单的实验探究婴幼儿自我意识的发生。让9～24个月的婴幼儿在镜子里注视自己，然后母亲偷偷地用胭脂在婴幼儿鼻子上点一下，再观察婴幼儿的反应。研究发现，年龄小于18个月的婴幼儿看到镜子里的映像有红点时，并不去摸自己的鼻子，而2/3的24个月的幼儿会去摸自己的鼻子。

资料来源：俞国良，辛自强．社会性发展心理学[M]．合肥：安徽教育出版社，2004：205.

2. 依恋关系的转变

依据鲍尔比依恋发展的阶段模式，此阶段的幼儿处于依恋形成阶段：幼儿对熟人产生依恋，并表现出分离焦虑。分离焦虑是一种具有普遍性的心理现象，一般来说6～8个月开始出现，到15个月左右达到顶峰。这时幼儿对母亲的离开表示强烈“抗议”，他会想方设法让母亲留下来，如哭闹、跟随着她、抱着她不让她离开等。如母亲把他带到公园里玩，他把母亲看成是“安全基地”，离开几步，又回头看看母亲，或是跑回到母亲的身边。他对环境的探究活动需要取得母亲情感上的支持。

二、13～18个月幼儿家庭教养指导的内容

（一）饮食习惯教养

科学合理的饮食习惯能保障幼儿强健的体魄，家长要合理安排幼儿的就餐时间、次数等。13个月左右的幼儿，一日可安排4～5次就餐，贯彻少食多餐的原则，两餐之间的相隔时间不宜过长或过短。如相隔时间太长，会引起饥饿，消耗机体本身所储备的能量，以致影响幼儿的活动；如相隔时间太短，停留在胃内的食物没有完全消化，会影响食欲。1岁左右的幼儿喜欢自己动手吃饭，用手抓食物吃，家长不要因为担心幼儿吃得慢或容易弄脏而拒绝幼儿自己进食，要把握这个时机，给幼儿提供充足的自主进食的机会，提供适宜的餐具，帮助幼儿练习使用餐具。要培养幼儿的用餐习惯，养成吃一

口、嚼一口、咽一口的习惯。

（二）动作发展教育

这个阶段的幼儿在动作发展上，首先是培养独立行走的能力，为其日后学好其他动作打好基础。家长要教幼儿走稳，会起步、停步、转弯、蹲下、站起来、向前走、向后退，以及跑步、上下台阶、走平衡木、原地跳、钻圈、爬攀登架、坐在凳子上、扔球、踢球、随音乐跳舞等，不断发展他们的身体平衡力和灵活性。幼儿学步需要有适宜的空间，地面要平坦，且在幼儿活动的范围内没有危险物，如将桌角等容易让幼儿碰伤的家具边缘用海绵条包裹起来。有条件的家庭，在保持地面清洁干净的前提下，最好能让幼儿赤脚走路，这样能增强其脚部的力量。若在户外，则以穿软底鞋为宜。

除大肌肉的锻炼外，小肌肉的锻炼也不容忽视，要关注该阶段幼儿手的训练，频繁使用手指能刺激脑的发展，而脑的发展又将促进幼儿运动能力的增强，培养幼儿的动手操作能力，使之变得更加灵巧，可以为以后的学习打好基础。一方面，可以让幼儿学会操纵和把握熟悉的日常物品，如让幼儿学会自己用勺吃饭、用杯喝水、穿鞋戴帽、扣纽扣等，在培养幼儿手的灵活性和准确性的同时，培养幼儿的自理能力；另一方面，家长可以有意识地提供材料来锻炼幼儿的手，如穿木珠（开始随意穿，只要穿上就行，以后则按一定的规律进行，如红—绿—红—绿—红）、玩套桶、捏橡皮泥，教幼儿折纸、画画，2 岁半以后还可教幼儿剪纸（提供尖端圆滑的婴儿专用剪刀），等等。这些训练活动，使幼儿手的运用更加灵活而广泛，为日后做更加精细的动作做好准备。

（三）感知觉发展教育

一般认为，快 3 岁时幼儿才开始出现真正的有意注意。当有成人在一边协助，给予一定的引导和鼓励时，幼儿的有意注意时间可以得到延长，家长要不断引导幼儿促进其有意注意的发展。例如，当幼儿玩玩具时，成人可以先在一旁陪伴，观察幼儿玩玩具的过程，不要打扰，让幼儿专心地投入游戏中。当发现幼儿有点“玩腻了”，开始东张西望时，家长可以适时地介入：“刚刚妈妈看到你把小猴子放在小树上，妈妈觉得好有意思啊！小猴子在树上做什么呢？”再一次引发幼儿对这个游戏的兴趣，延长其有意注意的时间。

（四）语言教育

1. 倾听能力的培养与教育是语言教育的第一步

13 ～ 18 个月的幼儿对语音的感知经验不断丰富，理解语义的能力越来越强，感知和理解语言为此阶段的主要任务。可以通过给幼儿听录音，教他分辨动物叫声、汽车声、下雨声、锣鼓声、流水声等声音，再结合日常生活中及游玩中的所见所闻引导其发音。还可以培养其听从指示，选择幼儿已熟悉的物品，给他一些简单的指示，如“吃饭前，洗洗手”“吃好了，漱漱口”，引导他听从指示，做到后给予表扬。如幼儿做不到，要带着他去做，指导他听懂指示的意思，并落实到行动中。

2. 表达能力是语言教育的中心能力，要引导幼儿多说多表达

当幼儿发出正确的语音时，家长要及时地强化，引导和积极鼓励其表达，积极与幼儿对话。采用延迟满足的方法，促使幼儿自己发出请求、进行表达。例如幼儿肚子饿了，但他还不会说话，如果成人很快能从他的动作、表情、姿态等捕捉到相应的信息，而马上把饭菜送到他的嘴里，幼儿不用说话就满足了需求，结果是让幼儿错失了开口说话的机会。成人应该做的是对其行为做出积极的反应，如边抚摸幼儿的肚子边引导幼儿表达："宝宝肚子饿了，想吃饭了。"以此来诱导幼儿学着一边摸肚子一边开口学说话。也许他不会说"饿"这个字，但他可能点着头说"要""吃"等字，这就是进步。

3. 正确看待、及时纠正幼儿的发音问题

1 岁半左右的幼儿处于单词句阶段，常常发出一些重叠的音，即"儿语"，如"狗狗""抱抱""街街"等，并伴随着丰富的身体动作和夸张的脸部表情等来表达自己的愿望。成人在与学话的幼儿交流时，一开始就要把规范的语言传递给幼儿。比如看见汽车过来了，幼儿说"嘀嘀"，家长应该回应"汽车来了"；吃饭时间到了，幼儿说"饭饭"，家长应说"吃饭"。在家人的正确引导下，幼儿的"儿语"现象很快就会成为过去。要正确看待该年龄段的幼儿普遍存在的发音不准确问题，如把"吃"说成"七"，把"这个"说成"的个"。此时家长切记：不要重复幼儿的错误发音，而要尽量使用准确的语音和幼儿说话，对幼儿发出的语音尽量采取肯定的态度："真棒！会说'吃饭'，会说'这个'。"避免出现"你这样说不对，应该这样说……"之类的话。

4. 培养幼儿听和读的兴趣

歌曲和童谣中的语言对 13 ～ 18 个月的幼儿特别有吸引力，能激发其倾听的兴趣。它们不仅有韵律，而且蕴含着简短并能激发想象的故事，选择优秀的歌曲、童谣对早期语言学习同样具有良好的效果，能增强幼儿的语言基础。但是，必须要注意这只是辅助手段，只有最基本的人际沟通，才能营造最自然的学习状态。除了日常生活中的交流，家长需要花一些时间与孩子一起阅读书本，阅读兴趣与能力对孩子而言是人生最宝贵的礼物之一。当幼儿从小看到爸爸妈妈经常手捧一本书津津有味地看着，阅读的种子就已开始悄悄萌芽。给幼儿念儿歌或讲故事时要抑扬顿挫，让幼儿感受语言的魅力。

想一想

1. 幼儿期记忆缺失表现在哪些方面？原因是什么？
2. 幼儿自我意识的发展体现在哪些方面？

案例评析

宝宝为什么突然变得不好带了?

最近，快快妈妈感到很苦恼，1 岁多的快快越来越热衷于“扫荡”和“撒野”。他踮起脚尖用手推倒爸爸放在桌上的水杯；他把一卷卫生纸全部拽开，满脸洋溢着兴奋；他还会打开低矮的柜门，把所有的瓶瓶罐罐弄出来，还沾沾自喜……此外，“不”成为快快运用得最频繁的字，越不让动就越要动。妈妈直念叨：“这是怎么了？以前这孩子挺乖的，现在怎么这么闹腾啊！”

评析：案例中快快妈妈的苦恼许多家长也都经历过，这是每一个孩子在心理发展历程中的必经之旅——自我意识开始觉醒，他开始有自己的想法和主见了。1 岁多的幼儿运动能力提高，活动范围扩大，好奇心和新需要越发强烈，依他个人偏爱而喜恶的事情也越来越多，随之而来的就是抗拒行为的逐渐凸现。在他能够理解和运用“不”的那一刻，就告别了顺从，而不断追求自己的“独立”。

同步练习

1. 简述 13 ～ 18 个月幼儿小肌肉动作的发展特征。
2. 简述 13 ～ 18 个月幼儿注意发展的基本特征。
3. 简述 13 ～ 18 个月幼儿语言发展的特征。
4. 简述 13 ～ 18 个月幼儿自我意识的发生与发展。
5. 简述 13 ～ 18 个月幼儿语言教育的基本方法。

我的收获

我的问题

解决办法

____

____

____

____

主题2 19～24个月幼儿家庭教养

一、19～24个月幼儿发展特点

（一）身高与体重

19～24个月幼儿的身高、体重发展情况，详见前文，在此不赘述。

（二）动作发展

1. 大肌肉动作

19～24个月幼儿的大肌肉动作发展日益成熟，表现在以下运动能力的发展上：能够用脚尖走步，但不稳；跑步的动作日渐熟练，能连续跑3～4米，但不稳；能一手扶栏杆自己上下楼梯；能够做原地跳跃动作，双脚能同时跳起；能踢大球，非常喜欢爬上爬下、蹲着玩，并能双手举过头顶向不同方向掷球；喜欢跟着音乐的节奏做动作；会跨骑在四轮小车上；能模仿做操的动作。

拓展知识

儿童“O型腿”或“X型腿”的辨别与矫正

对于绝大多数成长中的儿童来说，“O型腿”或者“X型腿”是儿童腿部正常发育历程。正常情况下，2岁之前的儿童是“O型腿”，2岁以后逐渐变成“X型腿”，到4～5岁时X程度往往最明显，6岁以后X程度逐渐减小，7～8岁时双腿长成和成人一样的外观。

1. 如何辨别孩子腿部是否畸形

（1）看年龄：看孩子下肢的外观表现与年龄段是不是相一致，孩子下肢由“O型”过渡到“X型”，是以2岁为分水岭。2岁前出现的“X型腿”或者2岁后出现的“O型腿”，都可能是病理性畸形。

（2）看对称性：正常的下肢发育均为对称性进行的，无论是“生理性膝内翻”还是“生理性膝外翻”，其双腿都是对称的。

（3）看夹角：将孩子腿放平，膝关节两侧保持水平。如果踝关节内侧比外侧略高，内外侧踝关节连线与水平方向呈15度左右的夹角，属正常生理性。

（4）看其他异常：看孩子有没有其他异常表现，比如身材矮小、面容异常、智力低下等，如有则应该提高警惕。

此外，由于儿童骨头中很多都是软骨，而且韧带和关节囊都比较松弛，因此除了腿型异常之外，同样也可能出现双脚外观的异常，如扁平足、走路的时候两腿呈外翻状态。如果出现问题或家长把握不准，最好咨询儿科医师，进行相关的检查，以排除病理因素。

2.“O型腿”和“X型腿”的预防

预防“O型腿”和“X型腿”的最好方法就是顺应孩子自然发展规律。平时让孩子多趴着，锻炼其颈、腰、背部肌肉和协调能力；6个月时，孩子开始坐，慢慢能坐稳。从坐稳，逐渐会扶着站、自己站、扶着走、自己走，其间最好不要过多地干预，干预越多，效果越不好。

最后提醒：很多老人为了让孩子的腿变直，常采用捆绑双腿的方法。这没有科学依据，这样不仅不能让孩子的腿变直，甚至还有可能导致另外一种发育性畸形——发育性髋关节脱位。

资料来源：影墨．孩子O型腿or X型腿先别慌[J]．江苏卫生保健，2018（6）：38.

2. 手部小肌肉动作

19～24个月的幼儿的手部精细动作发展大有进步，会用鞋带串大珠子；会垒5～6块积木；会画线；会打开盖子；能自己用汤匙吃东西。他们还可以用不同的方式摆弄各种物体，例如把小盒子放在大盒子里、用小棒击打铃铛等。

拓展知识

左利手更聪明吗？

关于智商和左右利手之间的关系研究早在很多年以前就开始了。1933年，巴克内尔大学的心理学家让339名新入学的男学生接受智商测试，随后，这些学生又接受了左右两只手的力量测试。研究结果显示，这些大学新生的智商不仅和左右手的力量大小没有关系，和两手力量的比例也没有关系。

澳大利亚、英国和新西兰三国的科学家通过大脑研究和整合生物学网络数据库获得了895个样本。他们发现，那些不专一的右手使用者的一般认知能力比专一的左利手和右利手都要强一些，而左利手和右利手的一般认知能力则没有明显不同。

左利手和右利手在认知能力上是否存在差异，是一个仍有争议的问题。即使存在差异，这种差异也不会很大，而且这只是从统计的角度而言。对于某个个体来说，意义更小。

孩子从出生到 1 岁多时，左右手的使用频率基本一样，没有明显的偏向。2 岁多的时候，开始偏向右边；3 ～ 4 岁时，左利、右利有了明显的分化。这里不仅指左利手、右利手，也包括左利脚、右利脚。我国的左利手比例远远低于西方国家，这与我们的文化环境有关。由于右手在生活、学习中的便捷性高，于是我们潜意识里就将这种用手方式转移给了孩子，不自觉地“帮”孩子选择了右手。比如给婴儿喂饭，通常会坐在他的右手边，递东西给他时也习惯递到他的右手；儿童自己尝试吃饭时，全家人示范的大多都是右手拿筷子和勺子；儿童开始涂鸦，成人也习惯将彩笔递到他的右手，并通常握着他的右手进行示范；当儿童开始玩球时，成人示范的是右手拍球、右脚踢球；用剪刀时，右手拿剪刀，左手拿纸……所以到 3 ～ 4 岁时，孩子并不是自然发展为左利或右利，而是被成人训练出来的。

在婴幼儿期，当孩子还没有形成明显的左利、右利时，可以让左手、左脚多多参与活动，如握勺、握笔、拍球、踢球、翻书页、插牙签、用剪刀、穿珠子、摆积木、涂色、画画等，都可以用双手进行。不要过早提示、强调让孩子只使用右手。1 ～ 3 岁时，最好是左右手共用。如果儿童 6 岁之前形成了右利手，也要有意识地锻炼儿童的左手，不要让左手就此“空闲”。

资料来源：周念丽．0 ～ 3 岁儿童心理发展 [M]．上海：复旦大学出版社，2017：60.

（三）感知觉

随着视觉的发育，18 个月左右的幼儿能注意到 3 米外的小玩具，能区别不同形状的物体，能识别圆形、三角形、正方形、多角形等图形，能区别垂线与横线。2 岁左右，幼儿的视力接近成人水平，视力可达 0.5，并已经能认识一些颜色，认识红、黄、蓝、绿等基本色要比混合色（如紫红）和近似色（深蓝和浅蓝）更容易。到 2 岁时，听觉方面已能粗略地区别音调不同的声音，可精确地区别不同声音。

18 ～ 24 个月开始，幼儿初步有了时间知觉，如天黑了要睡觉、天亮了要起床等。2 岁左右的幼儿会模仿成人说一些表示时间的词，但对时间词的意义不大理解。例如，当幼儿在玩玩具的时候，大人叫他吃饭，他会一边说着“马上就来”，一边若无其事地继续玩。

（四）情绪情感

2 岁以后处于目标调整的伙伴关系阶段，这时期幼儿能认识并理解母亲的情感、需要、愿望，知道母亲爱自己，不会抛弃自己，并知道交往时应考虑母亲的需要和兴趣，据此调整自己的情绪和行为反应。这时，幼儿把母亲作为一个交往的伙伴，与母亲的空间上的邻近性逐渐变得不那么重要。

18～24 个月的幼儿已经能够正确指出高兴、伤心、生气等表情，说明其已经开始理解代表这些情绪的言语符号了。

（五）语言

18～24 个月幼儿的语言学习发展到完整句掌握阶段，也称电报句阶段。这个阶段的幼儿能够说 2～4 个字组成的句子，喜欢把名词和动词组合在一起，其形式是断续的、简略的、结构不完整的，类似于电报文本，因此称为电报句。这一阶段的幼儿无论在语言理解能力方面还是在语言表达能力方面都有了“爆炸式”的发展，掌握的词汇成倍增长。18 个月左右，幼儿除了名词和动词外，还能掌握一些形容词、副词等。2 岁左右的幼儿已能记住 300～400 个词。

拓展知识

1～2 岁阶段幼儿语言发展指导建议

家长在指导时注意示范发音，用规范的语言做出示范，但不要刻意纠正幼儿不正确的发音，避免幼儿出现语言障碍。运用游戏进行语言训练，如看图说话、我问你答、打电话、手指游戏等。选择与幼儿年龄相匹配的故事和儿歌进行训练，故事或儿歌要内容生动、情节简单、语言规范、语速适中，最好能配合动作。

资料来源：陈红梅. 孕期与学龄前儿童家庭教育指导 [M]. 武汉：华中科技大学出版社，2014：112.

（六）社会性发展

1. 自我意识的发生与发展

随着幼儿内心世界的发展，他们会越来越多地将自己作为思考的对象，“客我”不断地扩展，幼儿逐渐建立起自我概念。语言的发展在这个过程中起着非常重要的作用，18～24 个月的幼儿开始具有用语言标示自己的能力，具体表现为从了解自己名字到使用代名词“我”“你”，并且具有用适当的人称代词称呼某个形象的能力。

拓展知识

幼儿自我意识敏感期的几种表现

幼儿一般会在 1.5～3 岁出现自我意识敏感期，因个性差异，敏感期的出现或早或晚，其表现也可能因人而异，但基本上都会出现下面的行为：

1. 认识到“我”与外界的区别

有意识地区分“我的”和“你的”之间的界限。开始表达“我”的想法、“我”的意志，开始意识到哪些行为可以由“我”来决定。事情不符合其心意或预期就会大哭大闹，有明显的“以自我为中心”的倾向。

2. 出现打人、咬人等

此时的“打人”或者“咬人”，与恶意的主观伤害无关。对于孩子来说，这表达的是“排斥”的意思：我不同意你做的事，你所做的事让我不高兴，我不愿意，“我”和“你”不一样，所以我要“排斥”你，我就用手打你或者用嘴巴咬你。

3. 喜欢说“不”

你问他“吃饭吗？”“喝水吗？”“睡觉吗？”，他都回答“不”。其实，他并非真的不想吃饭、不想喝水、不想睡觉，他只是通过这种表达来建立“我”的概念，来表明“我”和“你”是有差别的。

4. 不愿分享

1 岁多的孩子会认为自己看到的、喜欢的东西都是“我的”，这是孩子刚刚建立自我意识的一种表现。两三岁的孩子已开始形成自我认知，他要区分这是我的、那是你的。这种表现与自私、美德毫无关系，家长们大可不必为孩子的“自私表现”而焦虑。

5. 固执任性，我行我素

大人说东他偏往西，禁止他做的事情他偏偏要做，这其实只是孩子在用行动表示：我是我自己，我有我自己的想法和主张。

面对孩子的这些行为，家长们不必过于焦虑，也不必上纲上线。要给孩子创造一个自由宽松的环境，正确理解孩子的自我意识敏感期，尊重孩子，让孩子自然地度过这个时期。

资料来源：冯夏婷. 万千教育：透视 0 ～ 3 岁婴幼儿心理世界 [M]. 北京：中国轻工业出版社，2016：84-85.

2. 依恋关系的转变

依据鲍尔比依恋发展的阶段模式，18 ～ 24 个月的幼儿处于互惠关系形成阶段。幼儿约 2 岁时，由于言语和表征能力的迅速发展，他开始理解母亲离开的原因，并能预测她会回来。因此，分离抗议减少了，这时幼儿开始使用“谈判”的策略，他不会再跟随母亲，不让她走，而是讲条件、提要求：“先在我额头上亲一口你再走。”

二、19 ～ 24 个月幼儿家庭教养指导的内容

（一）生活自理能力的培养

对于 19 ～ 24 个月的幼儿，要重视生活自理能力的培养，包括饮食、睡眠、盥洗等生活习惯的培养，养成规律的生活习惯。19 个月左右的幼儿，饮食可按四餐制，即早餐、中餐、点心和晚餐。有研究表明，四餐制最有利于幼儿生长发育。一般情况下，幼儿清晨时的精力旺盛，消化力较强，故膳食应较充足；临睡前，幼儿活动量减少，

并将进入休息状态，故不宜吃得太多，以免影响消化。引导幼儿逐步养成定时定点睡眠、盥洗的好习惯，睡眠时长保证在 11 ～ 14 小时；坐便盆大小便，培养清晨解大便的习惯；在盥洗时引导幼儿学习使用肥皂（洗手液）、毛巾，学脱鞋子、裤子、袜子和外衣。

拓展知识

如何培养良好的排便习惯?

大多数幼儿在 19 ～ 24 个月龄段想排便时，通常会有一些肢体动作迹象，如突然停着不动达数秒钟，或拉扯自己的尿布等。抚养者应仔细观察，把握时机，及时引导幼儿坐便盆排便。

在固定地方摆放便盆，把便盆放在幼儿容易看得见的地方。用固定、简洁的语言向幼儿解释上厕所过程，如“小便”“大便”“嗯嗯”，给予固定的语言信号，以便建立条件反射。鼓励幼儿学会用语言或手势告诉抚养者要大小便。每天可有 2 个小时不给幼儿使用尿布，掌握其大小便规律，提醒幼儿如厕。当幼儿成功地完成一次大（小）便后，应用语言给予鼓励。当幼儿尿湿裤子或把大便拉在身上时，不要指责，避免让幼儿感到难堪，应鼓励幼儿下次做得更好。

资料来源：赵洲红，陈君贤，马梅．19 ～ 24 个月婴幼儿教养活动指导 [M]．上海：复旦大学出版社，2010：7.

（二）运动能力培养

这个阶段，幼儿的运动能力培养重点在于平衡运动能力，可以训练侧身走、倒着走、脚尖走、玩球。安全适宜的训练空间与舒适的穿着能帮助幼儿更快习得技能。在室内，窗户、露台和门廊上要安装护栏、挡板和安全防护网，防止幼儿从高处坠落。在室外，则需要选择宽阔、安全、明亮的地方进行训练，例如相对柔软的平地、草地，坡度、梯度较小的台阶等，让幼儿在自然环境中愉快地练习。练习时，还要为幼儿选择合适的上衣、裤子和舒适的鞋子，以免因为穿着不当而影响幼儿的活动。

手部小肌肉动作的练习是十分重要的，家长要创造条件，利用生活中的各种机会和各种物品对幼儿进行抓握、穿、垒、拧等动作的训练。这个阶段的幼儿会呈现出左利手或右利手的趋势，无论他们是左利手还是右利手，家长都不要过多干预，更没有必要迫使幼儿纠正，两手同时并用更有助于左右大脑的发育。家长不可强求幼儿使用左手或右手，否则可能会引起口吃、阅读困难等一系列心理障碍。

（三）感知觉能力培养

采用适当的早期教育，可以帮助幼儿发展颜色认知能力，常用的方法有：配对法（将相同的颜色进行配对）、指认法（在听到颜色名称后指出正确颜色）和命名法（说出颜色的名称）。

（四）语言教育

此阶段的幼儿语言交流与人际交往能力提升，非常热衷于与成人交流，日常、自然的语言交流能够在生活中自然而然地提升其语言表达能力、语言理解能力。家长应在日常交流中正确示范、积极引导幼儿正确发音；通过语言问答游戏让幼儿去探索事件的奇妙；在文学作品阅读中让幼儿学习规范的语言，此时给幼儿选的文学作品必须是规范的语言表达，通过文学作品的示范去规范幼儿的语言表达；利用实物或玩具为幼儿创设对话情境，由于缺乏生活经验，幼儿的语言对话还需要在游戏情景中展开，游戏是幼儿最主要的、最喜爱的活动，他们在游戏中具有很强的表达欲望，在游戏中创设出的对话情景是自然而有效的。

想一想

1. 幼儿“O 型腿”或“X 型腿”该如何辨别？又该如何矫正？
2. 要特意训练幼儿形成右利手吗？

案例评析

你听得懂小雨说的话吗？

小雨快要 2 岁了。妈妈今天比较忙，就把小雨交给姑姑照顾。上午，姑姑和小雨玩得挺开心的，到了午睡时间，小雨开始哭闹。为了转移她的注意力，姑姑夸奖她：“小雨真乖，你的小辫子梳得真好看！”小雨根本不理会，仍然“mie-mie”地哭。“小雨的外套上有喜羊羊啊，真好看！”小雨仍旧“mie-mie”。小雨又用手指指被子，地边哭边说“mie-mie”。“你是不是要棉被啊？”姑姑再次逗小雨说话，可小雨还是哭。“mie-mie”既不是“羊”也不是“棉被”，那会是什么呢？姑姑都被弄蒙了，她很着急，小雨所表达的音太难理解了。“是不是睡觉？”姑姑突然想到。“嗯。”小雨马上停止了哭声，并回答了姑姑的问题。

评析：其实，小雨的语言就是婴儿语言发展中的“儿语”，也叫电报句，其特点是语句连续、简略、结构不完整，具有高度情境性。由于单词句表达不够清楚，养育者需根据婴儿活动时的表情和动作，以及说话时的情景来推断其意义。因此，一般只有与婴儿亲近的人才能听得懂。

同步练习

1. 简述 19～24 个月幼儿大肌肉动作的发展特征。

2. 简述 19 ～ 24 个月幼儿语言发展的特征。

3. 简述 19 ～ 24 个月幼儿自我意识发展的特征。

4. 简述 19 ～ 24 个月幼儿生活自理能力培养的基本方法。

5. 简述 19 ～ 24 个月幼儿语言教育的基本方法。

我的收获

我的问题

解决办法

主题 3　1～2 岁幼儿家庭教养的常见误区及指导策略

一、“智力第一”误区

1 ～ 2 岁幼儿的智力发展相较前期更为突出，有些家长或因为攀比，或因为受一些早教机构的宣传影响，会不自觉地陷入过分注重智力培养的家庭教养误区，重视智力因素的培养，忽略非智力因素的提升。把孩子培养成才，是天下父母的共同心愿，但是，不少父母只偏重于智力因素的培养，注重知识的灌输，而对影响幼儿成长的非智力因素，诸如兴趣、情感、意志、性格等则很少过问。许多家长认为孩子只有上大学才有出息，才能出人头地，于是在孩子刚学会说话时就偏向智力知识的传输，给孩子播放唐诗宋词的音频、墙壁上贴上汉字表，无意识地扼杀了幼儿爱玩的天性，阻碍了幼儿的全面发展。

智力是能力的核心和灵魂，发展幼儿的智力、培养幼儿的能力固然重要，但是，如果家庭教养仅从智力因素入手，甚至节衣缩食，大力投资，买一些高档益智玩具，而忽视了非智力因素的培养，则会适得其反。家长应从幼儿的非智力因素入手，培养他们的自信心、进取心、坚持性、自制力和勇敢精神等。如：在日常生活中让幼儿坚持自己的事情自己做，使幼儿相信自己的力量，并予以表扬和鼓励；当幼儿在做某件事情因其他原因半途而废时，应及时地给予督促、鼓励，使他们坚持把事情做完做好；在游戏中让幼儿担任某些他们不喜欢的角色，以使他们的行为服从集体要求，等等。这样就能使他们的正常智力得以充分地发挥。

我们常说的"神童"，不一定都是智力超常的或有某些独特的天赋的，但他们都有一个共同的特点，就是都有浓厚的学习兴趣、强烈的求知欲望、极强的进取心、坚强的意志和远大的抱负。这正是他们表现超常的关键所在。因此，即使没有超常的智力，只要有较好的非智力心理品质，将来也可以成才。

成功是非智力因素与智力因素的结合，这是从古今中外许多人才成长的经验中总结出来的。作为父母，要想使自己的孩子有出息，就必须在培养其智力因素的同时，重视非智力因素的培养和发展。

二、信奉"不要让孩子输在起跑线上"误区

不应对孩子轻言输和赢。有的孩子比较早熟，有的孩子比较晚熟，轻易对孩子的表现说输和赢，可能会有一定正面激励作用，但负面的影响不可忽视。对大多数家长来说，孩子教养问题是他们最关心的问题，一定要给孩子创造尽可能好的环境，"不让孩子输在起跑线上"。家长们往往有这种心理："不仅不能输，还要千方百计创造条件让我的孩子赢在起跑线上。"

"起跑线论"本身就是谬论。"不要让孩子输在起跑线上"，这句话之所以被人们信奉，主要是它的形象比喻，因为大家都看过体育比赛，知道如果起跑慢了就可能输掉比赛。但这个比喻并不科学，如果是50米、100米比赛，它基本是对的，但一个人一生有漫长的路要走，如同万里长征，起跑慢一点又有何妨？后来居上者比比皆是。所以"起跑线论"是站不住脚的。

三、"发展关键期"误区

所谓关键期，就是发展的重要时期。随着关键期越来越受到重视，孩子的成长总有很多数字标准，比如大动作方面，俗语有"三翻六坐九爬"，就是3个月时会翻身、6

个月时会坐、9个月时会爬。然而，一些商家对这些育儿知识过度解读或者过度推销，让很多父母误以为孩子必须赶上每一个关键期，才能最大限度开发孩子的潜能。如果孩子的成长过程与标准不符合，家长就会充满焦虑，而盲目地通过训练的方式来让孩子达到标准，比如1岁的孩子应该会蹒跚走路了却迟迟不愿走，家长就每天加强对孩子走路的训练，反而使得孩子更加抗拒走路。

孩子不是量杯、试管，有精确的刻度和标准，每个孩子在个性气质和学习风格方面都是不同的。父母不要用书上的标准来要求孩子，而是要关注孩子，对孩子正在做的事做出自然的反应。孩子需要的是父母的爱、照顾和给予他们的学习机会。

其实，学习是一辈子的事，家长又何必去强求孩子在这所谓的关键期里去接受知识呢？机械性地反复学习只会让孩子产生厌倦。多与孩子接触、沟通，并创设具有刺激性的、舒适的环境，与孩子一起探索、认识世界。用父母的本能感受孩子，用科学育儿知识作辅助，才是最好的养育孩子的方式。

想一想

1. 幼儿的非智力因素有哪些？
2. 发展关键期的含义是什么？如何把握幼儿的发展关键期？

同步练习

简述非智力因素对幼儿发展的意义与作用。

我的收获

我的问题

解决办法

模拟测试

一、单选题

1. 12个月以后幼儿开始知道自己的名字，还能意识到自己身体的各部位，以及身体的感觉，这说明幼儿有了（　　）。

A. 对应意识　　B. 自我意识　　C. 姓名意识　　D. 身体意识

2. 13个月左右的幼儿一日可安排4～5次就餐，需要贯彻的原则是（　　）。

A. 多食少餐　　B. 多食多餐　　C. 少食少餐　　D. 少食多餐

3. 当幼儿肚子饿了，家人即使观察到他的需求，也不急于把饭菜送到幼儿嘴里，幼儿需要自己表达出需求，以此促使幼儿说话。这里运用的方法是（　　）。

A. 双向互动　　B. 生理提醒　　C. 延迟满足　　D. 环境提示

4. 2岁时幼儿的视力接近成人水平，视力可达（　　）。

A. 0.45　　B. 0.3　　C. 0.5　　D. 0.4

5. 18～24个月的幼儿知道天黑了要睡觉、天亮了要起床等作息概念，说明幼儿初步有了（　　）。

A. 时间知觉　　B. 空间知觉　　C. 深度知觉　　D. 方位知觉

二、多选题

1. 18～24个月的幼儿能够说2～4个字组成的句子，喜欢把名词和动词组合在一起，但其形式是断续的、简略的、结构不完整的，类似于电报文本，说明其语言发展处于（　　）。

A. 不完整句阶段　　B. 完整句掌握阶段

C. 婴语阶段　　D. 电报句阶段

2. 18～24个月幼儿逐渐建立起自我意识，自我意识敏感的表现为（　　）。

A. 认识到“我”与外界的区别　　B. 喜欢说“不”

C. 固执任性，我行我素　　D. 不愿分享

3. 帮助18～24个月的幼儿发展颜色认知能力，可采用的方法有（　　）。

A. 指认法　　B. 命名法　　C. 表达法　　D. 配对法

三、简答题

1. 简述 13 ～ 18 个月幼儿语言教育的方法。

2. 简述 19 ～ 24 个月幼儿排便习惯培养的方法。

3. 简述 13 ～ 18 个月幼儿动作发展教育的方法。

四、案例分析题

一位妈妈说：“我女儿马上 2 岁了，最近她不那么听话了。她不允许我们说‘不行’，或者否定她的话，虽然有时会假装问问我们的意见，比如‘妈妈，我能不洗脸吗？’但她只是为了求得肯定，只要我说‘不行’，她马上就翻脸，甚至动手打人。这是怎么造成的呢？是被我们惯坏了吗？”

你会如何引导这位妈妈科学育儿？

项目 4　2～3 岁幼儿家庭教养指导

学习目标

知识目标

全面了解 2～3 岁幼儿家庭教养的内容。

能力目标

有效运用 2～3 岁幼儿家庭教养指导的策略，熟练掌握 2～3 岁幼儿家庭教养常见误区及应对策略。

素养目标

形成科学家庭教养的态度，通过正确理解 2～3 岁幼儿家庭教养的内容和家庭教养对人一生发展的作用，培养热爱幼儿、热爱幼教事业的感情，从而树立崇高的职业理想。

思维导图

- 项目4　2～3岁幼儿家庭教养指导
  - 主题1　2～3岁幼儿家庭教养
    - 2～3岁幼儿发展特点
    - 2～3岁幼儿家庭教养指导的重点内容
    - 2～3岁幼儿家庭教养指导的策略
  - 主题2　2～3岁幼儿家庭教养的常见误区及指导策略
    - 片面教育
    - 包办代替
    - 玩具选择
    - 入园焦虑

情境导入

“可怕的两岁”

“可怕的两岁”指的是幼儿在 2 ～ 4 岁所经历的第一个反叛期。幼儿可能出现的行为有：对什么提议都是“不”“不要”“不行”“不喜欢”；以前摸索出的沟通模式一夜作废，经常莫名其妙地发脾气大哭，而且很难安抚好；对认定的事情表现出“可怕”的执着，如只能让妈妈给他穿衣服，吃饭只能用这把小勺子，鞋子没有按照某个顺序穿就必须脱掉重新穿一次；什么事都想自己做，而不是由爸爸妈妈代劳；喜欢拆东西、推倒积木、乱丢玩具、故意碰洒水杯等。

点评：这个阶段的幼儿会表现出种种让爸爸妈妈头疼的行为，似乎一夜之间从“天使宝宝”变成了“捣蛋鬼”“小恶魔”。在这一时期，幼儿开始萌发“我”的意识，他们已经知道“我”是一个单独的个体，“我”可以表达自己的意思，“我”可以按照自己的意愿做事，这种自我意识的萌发使他们比之前更乐于探索这个世界的边界。这一阶段的幼儿正处在空间敏感期和语言敏感期，物权意识觉醒，对于周围世界的感知、对于情绪的觉察都非常敏感。家长在这一阶段耐心引导，对幼儿的性格养成和技能习得有很大帮助。

热身思考

2 岁的幼儿开始有了自我意识，有了自己的主见，他们对世界充满了好奇心，愿意花更多的时间探究事物的道理，想寻求能独立自主的方法，想要与人交流、做出决定，想要与他人沟通和表达情感，并且告诉成人他们的需求。2 岁的幼儿也开始学会说“不”，会因为一点小事发脾气、摔东西、愤怒、哭闹，导致很多家长无法应对。2 ～ 3 岁的幼儿与之前相比，为什么会有如此大的差异？

任务探索

通过自主学习，完成表 4 - 1，初步了解 2 ～ 3 岁幼儿的发展特点。

表 4 - 1　2 ～ 3 岁幼儿发展特点

观察要点	发展特点
发育与健康	
感知与运动发展	
认知与语言发展	
情感与社会性发展	
其他	

主题 1　2 ～ 3 岁幼儿家庭教养

一、2 ～ 3 岁幼儿发展特点

（一）感知与运动发展

随着身体发育的持续进行，这时期幼儿运动技能日益丰富，他们不仅能够单脚站立，还能自己上楼梯，游戏方式也变得五花八门。2 ～ 3 岁幼儿感知与运动的发展如表 4 - 2 所示。

表 4 - 2　2 ～ 3 岁幼儿感知与运动的发展

25 ～ 30 个月	31 ～ 36 个月
• 能连续跑 3 ～ 4 米，但不稳 • 能自己上下床（矮床） • 会用脚尖走路（4 ～ 5 步），但不稳 • 能一手扶栏杆自己上下楼梯（5 ～ 8 级） • 能做原地跳跃动作，如双脚跳起（同时离开地面） • 能踢大球 • 能蹲着玩 • 能够用双手将球举过头顶并掷出 • 能够根据音乐的节奏做动作 • 能用玻璃丝穿进扣子的洞眼 • 会把 5 ～ 6 块积木搭成塔 • 能自己用汤匙吃东西	• 能后退、侧着走和奔跑 • 能轻松地立定、蹲下 • 会迈过低矮的障碍物 • 能双脚交替上下楼梯 • 能从楼梯末层跳下 • 能独脚站 2 ～ 5 秒 • 能随意滚球 • 能控制活动方向 • 能举起手臂投掷，且有方向 • 会骑三轮车和其他大轮的玩具车 • 会自己洗手、擦脸 • 会转动把手开门、旋开瓶盖取物 • 能用大号蜡笔涂涂画画，能画垂直线、水平线 • 能一页一页五指抓翻书页 • 会穿鞋袜、解衣扣、拉拉链

（二）认知与语言发展

此阶段的幼儿认知发展仍处于前运算阶段，能够使用符号（如词、头脑中的形象等）来了解世界。幼儿在 2 岁以前，他们每天能够学会 3 个左右的新词，而在此之后，他们的词汇量会爆炸性增加，每天能学习 9 个甚至更多的新词。在 2 岁半左右，词汇量达到 400 ～ 500 个。2 ～ 3 岁幼儿认知与语言的发展如表 4 - 3 所示。

表 4-3　2～3 岁幼儿认知与语言的发展

25～30 个月	31～36 个月
• 知道“大、小”“多、少”“上、下”，会比较多少、长短、大小 • 知道圆形、方形和三角形 • 认识红色 • 能用积木搭桥、火车 • 能用纸折长方形 • 能数到 10 • 游戏时能用物体或自己的身体部位代表其他物体（如用手指当牙刷） • 会用几个形容词 • 会问“这是什么” • 会用“你、他、你们、他们”，会用连续词“和、跟” • 知道日用品的名字（约 50 个） • 会说简单的复合句，叙述经历的事 • 会背 8～10 首儿歌	• 让他画方形时，可能会画一个长方形 • 口数 6～10，口手合一能数 1～5 • 认识黄色、绿色 • 懂得“里、外” • 能用纸折小飞机 • 会问一些关于“什么”、“何时”和“为什么”的问题 • 能理解故事的主要情节 • 能认识并说出约 100 个常见物的名称 • 能运用大约 500 个词 • 能说出有 5～6 个字的复杂句子 • 开始运用“如果”“和”“但是”等词 • 知道一些礼貌用语，如“谢谢”“请”，并知道何时使用这些礼貌用语 • 知道家里人的名字和简单的情况

（三）情感与社会性发展

幼儿在 2 岁左右就开始出现自我意识情绪，2 岁以后已经能认识到情绪的主观性，即能认识到别人的情绪体验和自己的不同，如看到其他幼儿在哭，他会试着拿自己的玩具去安抚他。2～3 岁幼儿情感与社会性的发展如表 4-4 所示。

表 4-4　2～3 岁幼儿情感与社会性的发展

25～30 个月	31～36 个月
• 有简单的是非观念，知道打人不好 • 仍会发脾气 • 喜欢玩弄外生殖器 • 知道自己的全名 • 和小朋友一起玩简单的角色游戏，会相互模仿，有模糊的角色扮演意识 • 开始意识到他人的情感 • 开始能讨论自己的情感	• 知道自己的性别及性别的差异，能正确使用性别短语，倾向于玩属于自己性别的玩具和参加属于自己性别群体的活动 • 和别人一起玩简单的游戏，如玩“过家家”游戏 • 能和同龄小朋友分享同一事物，如把玩具分给别人 • 知道等待轮流，但常常不耐心 • 害怕黑暗和某些动物 • 兄弟姐妹之间会有竞争和产生嫉妒 • 会整理玩具 • 能自己上床睡觉 • 大吵大闹和发脾气已不常见，且持续时间短 • 有时试图隐瞒自己的感情 • 对成功表现出积极的情感，对失败表现出消极的情感

二、2～3 岁幼儿家庭教养指导的重点内容

（一）设定生活规则，养成幼儿良好的生活行为习惯

指导家长了解幼儿成长的规律及特点，为幼儿设定日常生活规则，并按照规则指导幼儿的日常生活行为；重视发挥父亲的角色作用，利用生活场景进行随机教育；指导家长采用鼓励、表扬等正面强化教育措施，塑造幼儿的健康生活方式。

（二）关注幼儿需求，激发幼儿的想象力和好奇心

指导家长为幼儿提供抓握、把玩、涂鸦、拆卸等活动的设施、工具和材料；用亲子游戏的形式发展幼儿双手协调、手眼协调等精细动作；用心欣赏幼儿的行为和作品并给予鼓励，分享幼儿的快乐，促进幼儿直觉动作思维发展，满足幼儿好奇、好玩的认知需要。

（三）提供言语示范，促进幼儿语言能力发展

指导家长为幼儿创设宽松愉快的语言环境；提高自身口语素养，为幼儿提供良好的言语示范；为幼儿的语言学习和模仿提供丰富的物质材料，运用多种方法鼓励幼儿多开口；积极回应幼儿的言语需求，鼓励幼儿之间的模仿和交流。

（四）加强亲子沟通，养成幼儿良好情绪

指导家长关注、尊重、理解幼儿的情绪，多给予幼儿鼓励和支持；学习亲子沟通的技巧，以民主、平等、开放的姿态与幼儿沟通；客观了解和合理对待幼儿过度情绪化的行为，有针对性地实施适合幼儿个性的教养策略；培养良好的亲子依恋关系。

（五）帮助幼儿适应幼儿园生活

入园前，指导家长有意识地培养幼儿的自理能力、听从指令并遵循简单规则的能力等。入园后，指导家长积极了解幼儿对幼儿园的适应情况，在幼儿出现不良情绪时通过耐心沟通与疏导来稳定幼儿的情绪，分析入园不适应的原因，正确面对分离焦虑。

三、2～3 岁幼儿家庭教养指导的策略

（一）建立良好的生活作息规律

1. 提高生活自理能力

2～4 岁是幼儿生活自理能力初步形成的关键期，在日常生活中，家长应抓住每一件小事培养幼儿的生活自理能力。

（1）2～3 岁幼儿的自理能力。

对于 2～3 岁的幼儿来说，这个阶段的自理能力包括：

1）会梳头、刷牙、洗衣等至少三件事。

2）上厕所会脱下裤子。这是如厕能力的再次提升。平日可穿松紧带式的裤子，以方便幼儿学习如厕。每次带幼儿如厕时，可以一边做一边告诉他步骤。经过几次训练之后，幼儿就能熟悉脱、穿裤子的顺序，然后再慢慢训练他将上衣整齐地塞在裤子里。

3）明确表示要上厕所。幼儿是否能清楚表达自身的生理状况，与其表达能力有着密切关系，而表达能力需要平日一点一滴地积累，因此，协助幼儿发展表达能力非常重要。

4）会穿没有鞋带的鞋子。一开始可以协助幼儿把脚伸进鞋子内，留下粘上鞋扣的动作给幼儿做。然后让幼儿自己把脚伸进鞋内，让他体验不同动作的困难程度，再适时告诉他应该如何穿鞋。

5）熟练使用汤匙（见图 4－1）。一般来说，2～3 岁幼儿的大小肌肉已经发展到一定程度，熟练使用汤匙进食应该不成问题。如果此时幼儿还是无法熟练使用汤匙，就要多创造机会让幼儿练习手腕动作。

图 4－1　幼儿熟练使用汤匙

6）会解开纽扣。这也是重要的自理能力之一。学会解开扣子后，再学习扣上纽扣的动作。

（2）指导策略。

1）借助儿歌、绘本激发幼儿的自理意愿。在日常生活中，除了游戏活动和生活中的正确引导，家长可以借助儿歌、绘本故事，激发幼儿自己动手的意愿，帮助幼儿掌握一些生活自理技能。比如，睡觉时家长可以教幼儿念睡觉相关的儿歌，早起穿衣时可教幼儿念穿衣服相关的儿歌。

2）利用游戏让幼儿对自理活动产生兴趣。游戏也是培养幼儿自理能力的重要方式，在游戏中，幼儿不仅可以享受游戏的快乐，也能锻炼自主解决生活问题的能力。比如，可以利用角色游戏，引导幼儿喂玩具娃娃吃饭、帮助玩具娃娃穿衣服等，也可以使用蒙氏生活类教玩具（如图4－2所示）。

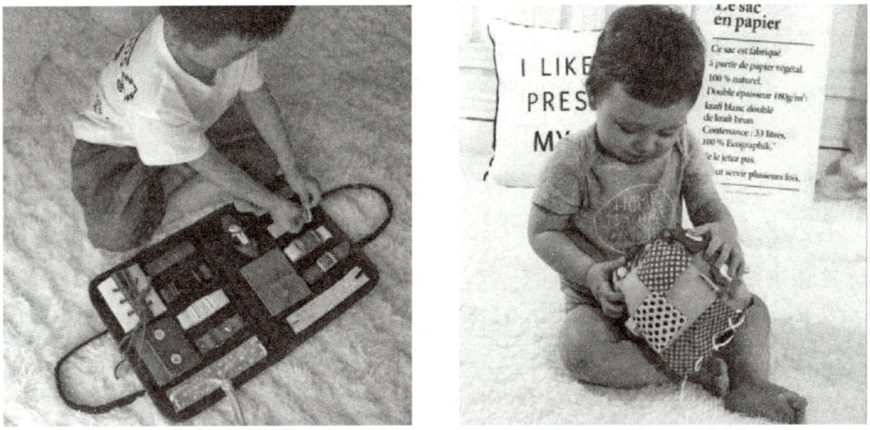

图4－2 幼儿使用蒙氏生活类教玩具

2. 制订作息计划，创设有序的生活环境

家长应该结合家庭的实际情况，为2～3岁幼儿制定一整套符合他们身心发展规律作息时间表，合理安排早上起床和晚上睡觉的时间、游戏及运动时间、三餐及午休的时间、排便的时间等。这有利于帮助幼儿做好入园准备。某幼儿园小班幼儿一日作息时间表如表4－5所示，可供参考。

表4－5 某幼儿园小班幼儿一日作息时间表

时间	内容
7：50—8：50	入园、早餐、餐后活动
8：50—9：10	教学活动、生活活动
9：10—10：10	户外活动
10：10—10：20	课间操
10：20—11：20	区域活动、餐前活动
11：20—12：00	午餐、餐后活动
12：00—14：40	午睡
14：40—15：00	生活活动、午点
15：00—16：00	户外活动
16：00—16：30	离园前准备
16：30—16：50	分批分班离园

（二）重视兴趣及专注力的培养

1. 2～3岁幼儿的专注力

培养幼儿专注力的最佳时间是从2岁开始。一般来说，2岁左右幼儿的专注时间约为7分钟，3岁左右幼儿的专注时间约为9分钟。年龄越小，幼儿的专注时间就越短，而且很容易受到外界的影响。

2. 指导策略

（1）营造一个有利于集中注意力的家庭学习环境。儿童房要收拾得简洁明快，为幼儿创设安静、整洁的环境，玩具收纳整齐，不要散落在显眼的地方。幼儿在游戏时，不能有电视机、电话声音的干扰，父母尽可能不干预幼儿游戏。此外，室内的光线也是一个容易被忽视的因素，光线柔和适度有助于幼儿集中注意力。

（2）不要给幼儿买过多的玩具和书籍。我们经常看到这样的情形，家长给幼儿买了很多的玩具和书籍，可是幼儿往往是这本书翻两页、那本书翻两页，玩具也是一会儿玩这个、一会儿玩那个。太多的书籍和玩具只会让幼儿注意力涣散，不利于培养幼儿的专注力。可以每周放出一两个玩具或书籍，等幼儿把玩具玩明白了，不想再玩了，再放新的玩具。

（3）“自我约束力”的小游戏。我们可以有意识地设置一些情境帮助幼儿增强自我约束能力（如图4－3、图4－4所示）。藏猫猫就是一个很好的自我约束力的游戏，藏猫猫看起来很简单，但需要藏起来的幼儿不能发出任何声响和动作，幼儿逐渐学会约束自己。

图4－3　指挥交通：学会轮流

图4－4　种植物：学会等待

（4）不干扰幼儿做他喜欢做的事情。当幼儿专注于做他的小手工制作或观察小动物而忘记了吃饭时，父母切记不要干扰幼儿，而是耐心地等他把工作完成。幼儿沉浸于他的兴趣时，就是在无意中培养自己的专注力。

（5）充分利用幼儿的好奇心，培养幼儿广泛的兴趣。

（三）促进幼儿语言能力的发展

2～3 岁的幼儿处在语言表达的爆发期，广泛接触周围的人和事，能丰富幼儿的语言经验。这个阶段幼儿的语言能力会产生一个质的飞跃，家长要把握这个时机对幼儿进行良好的语言训练。

这个时期幼儿语言的特点是：进入语言复合句阶段；学会用语言表达眼前不存在的事情；学会用语言来描述人和物的相互关系，如“这是我的皮球”“这是你的小汽车”“这是我的，我不给你”等。这个阶段对幼儿语言训练的重点任务，是提升幼儿在活动中运用语言的能力和句式扩展的能力。具体有以下几种方法：

1. 语言复述

家长和幼儿可以一起做语言复述的游戏。如，妈妈小声对幼儿说：“今晚我们一起去游乐园。”叫他传话给爸爸。这种游戏简单有趣，幼儿乐于参与。复述的语言从短到长，不一定要求幼儿完整复述，主要是为了激发他说话的兴趣。

2. 根据幼儿学习场景提问

根据不同的生活场景，就看见的场景提问，让幼儿回答。这非常有利于幼儿语言表达能力的发展。比如在户外活动时问幼儿：“这是什么车开过去了？”“前面走过来的是哥哥还是姐姐？”“你看看今晚的月亮像什么？”提问内容是幼儿生活中亲眼看到的场景，幼儿会很乐意回答。

3. 学习时间概念

教幼儿学习时间概念，从幼儿实际经验出发。逐步告诉幼儿：天亮了，我们起床的时候叫“早上”，吃早餐和吃午餐之间叫“上午”。吃完午餐到吃晚餐之前叫“下午”，吃完晚餐叫“晚上”。等幼儿慢慢领悟这些概念后，可以问幼儿：“吃完早餐你去玩皮球的时候是上午还是下午？”“现在是上午还是下午？”

4. 组织多种形式的语言训练

比如学习儿歌，大多数幼儿都喜欢音乐律动，可播放短小精炼的儿歌、童谣，如拍手歌等。还可鼓励幼儿与同伴之间的自发模仿和相互交谈。

5. 教幼儿学习简单的复合句

在幼儿能说完整简单句的基础上，可以引导幼儿说两个或三个简单句组成的复合句。比如：“我先吃一口饭，再吃一口菜。”“爸爸不在家，我和妈妈玩。”“我喜欢爸爸，也喜欢妈妈，还喜欢奶奶。”

6. 借助绘本进行对话交流，重复和理解绘本中的内容

2～3 岁幼儿喜欢听绘本故事，家长可以借助绘本与幼儿进行对话交流。家长可以选择符合 2～3 岁幼儿兴趣及发展规律的绘本，在观察画面的基础上，结合幼儿的生活经验，引导他们简单复述部分或者全部故事情节。比如：“故事里有谁？他们在干什么?”“你最喜欢故事里的谁?”使他们在理解绘本中内容的同时，获得更多的语言表达机会。

(四) 加强亲子沟通，养成良好情绪

1. 有技巧的沟通

2岁左右是幼儿第一个独立期，他们会尝试自己吃饭、自己选择衣服。因此，他们会打破一些限制他们独立、要求他们听从的规则。家长不应和独立期的孩子较劲，沟通的时候采用开放式的对话，而不是只用“是”和“不”来回答的判断题。例如，妈妈：“宝宝快来吃饭!”幼儿：“不要吃!”换个方式，不要只给判断题：“宝宝，开饭啦，我们比比谁更快坐到座位上。”幼儿对什么都说“不”，表现出来的种种叛逆行为，都是他成长的证明，通过行动和言语在表达“我不一样”。家长要识别到这个信号，认识到孩子的成长。

2. 帮助幼儿识别情绪

2～3岁的幼儿经常一言不合就躺在地上哭闹打滚，这是很多家长的“噩梦”。但是要知道，孩子发脾气时，恰恰是认识情绪的绝佳机会。家长可以换个方式，鼓励幼儿说出自己的情绪。家长可以和孩子说：“爸爸/妈妈知道你难过了，你为什么不高兴?说出来好吗?”家长还可以有意识地选择一些有关情绪的绘本，让幼儿理解情绪是怎么回事。例如：《不要哭，清楚地说》《啊——我生气了!》《脸，脸，各种各样的脸》《罗伯生气了》《我的情绪小怪兽》等（见图4-5）。

图4-5 情绪相关绘本

（五）做好入园准备

1. 心理准备

入园前，家长给幼儿多提供独立与他人交往的机会，使幼儿逐渐习惯与同伴或其他成人一起玩耍；要和幼儿经常谈论幼儿园，可以谈邻居、同事家小孩在幼儿园如何快乐。告诉幼儿幼儿园是小朋友学习本领、游戏玩耍的地方，在那里能够玩到许多新玩具、结交许多新朋友，有老师和小朋友一起玩，激发幼儿想上幼儿园的愿望。

2. 生活准备

让幼儿学会自己用勺进餐，克服要别人喂饭或挑食等不良习惯；让幼儿认识自己的服装鞋袜及其他用品；教幼儿敢于向成人提出自己合理的要求，如想喝水、大小便等；给幼儿备两套替换的衣裤（做好标志或写上名字）放入书包带到幼儿园，以便幼儿弄脏衣物后老师能及时为其更换。

3. 社会交往准备

教幼儿学会说“请”“谢谢”“对不起”“没关系”等礼貌用语，引导幼儿在与同伴玩耍中学会谦让、关心与合作；教幼儿知道如何正确地展示自己的本领，使幼儿在交友中获得乐趣并锻炼交往能力；培养幼儿的文明行为，不抓人、打人、伤害同伴；教育幼儿遇事不任性、不乱发脾气；会用语言与人交往。

拓展知识

怎样使幼儿养成良好的行为规范？

首先，要从小事抓起。孩子的教养如何，很多是从小事上反映出来的。例如，饭前便后要洗手，玩具、图书用过后放回原处，要向父母或长辈问好等。

其次，要持之以恒，循序渐进。行为规范要从孩子容易做到的开始，要适合孩子的思维和自我约束的能力，切不可朝令夕改。

最后，要态度一致，严格要求，同时不断鼓励，细心观察孩子的行为，及时给予正面强化。

案例评析

正在建立滑行图示的颖颖

颖颖 2 岁了，她最近对各种各样的滑梯很感兴趣。颖颖昨天在小区里的滑梯上滑了 50 多次。今天一进早教中心的门，颖颖就发现了活动室中间的小象滑梯并开始滑。到了室外，她看到一个坡度很陡的滑面，产生了兴趣。她先是在爸爸的帮助下小心地往下滑，三四次以后，她渐渐放松了，脸上的表情也由严肃变得欢快。爸爸觉得孩子不能只玩一种玩具，就叫她到别的地方玩，但是颖颖坚持着："再玩一次，再玩一次。"

评析：案例中的颖颖对各种各样的滑梯着迷，隐藏在滑滑梯背后的行为图式是"滑行行为"。图式是指一个不断重复的行为模式，一系列的图式最终会发展成概念。识别与扩展幼儿的图式或行为模式有助于家长为幼儿的发展设计充满挑战、刺激的学习环境。图式是透视幼儿学习的窗口。一般情况下，幼儿在图式的引发下学习，源自内部动机，因此能长时间集中注意力。借助图式，幼儿将各种各样适合的经验整合到现有思维模式中。当颖颖终于攀登到滑梯顶端，小心翼翼地坐在滑行道口，望着流线型的坡面，设想着这次滑行会是怎样时，身体固有的惯性已等不及了，快速将她送入了刺激、生动的探险之旅。看似一次简单的滑行，给孩子带来的发展却是多方面的。

这个时期，颖颖不仅需要成人情感上的理解和认同，还需要物理环境创设方面的支持。家长可挖掘、提供隐含"滑行行为"图式的不同层次的素材，让颖颖自行探索。如可以提供不同大小、滑行坡度、粗糙程度的滑行工具，允许颖颖一次又一次地体验滑行所带来的体觉愉悦感。这种滑行不仅局限在孩子本身的体验，还可以扩展至孩子身边的客体，例如观察小球顺着不同坡度的滑行道滑行，生活中各种车辆在坡道上运行，甚至是水顺着水道流淌，等等，这样孩子就不单单局限于借助自身体验来定义、建构滑行概念，而是融入、整合了不同情境的特点，那么孩子在以后学习相关概念时就能把握得更加精确。

"父母才是真正的教育专家"。早期教育如果仅仅将目光落在孩子身上，很难达到教育效果的最佳化。家长应意识到自身应有的角色定位，掌握相关的技能，在婴幼儿的发展中发挥最大作用。

拓展知识

主要早期教育理念

当孩子到了一定年纪，父母就开始查找资料、咨询朋友，试图找到一个自己认同、适合孩子的教育机构让孩子进入学习。那么对于目前各类教育机构采用的众多早期教育理念，父母到底了解多少呢？至于蒙台梭利、瑞吉欧还有华德福等，其教育理念到底有什么区别呢？

目前各类教育机构采用的主要早期教育理念大多在20世纪90年代引入我国，其基本情况如表4-6所示。

表 4－6 主要早期教育理念对比

早期教育理念	国家	代表人	标志性事件
蒙台梭利教育法	意大利	玛利亚·蒙台梭利	1907 年，“儿童之家”成立
			1912 年，《运用于“儿童之家”的幼儿教育的科学教育方法》出版，是论述幼儿教育理论和方法的第一部著作
华德福教育	德国	鲁道夫·斯坦纳	1919 年，在德国斯图加特成立第一所学校
瑞吉欧幼教模式	意大利	罗利斯·马拉古奇	1981 年，“当眼睛越过围墙时”幼儿教育成果瑞典展览
			1987 年，“儿童的一百种语言”教育成果北美展览
多元智能理论	美国	霍华德·加德纳	1983 年，《智能的结构》出版

从各个早期教育理念的教育目的、儿童观、教育观出发进行对比发现，各个理论均提倡关注儿童的全面发展、激发儿童的潜能。

华德福教育特别强调关注儿童身体、心灵和精神的和谐发展，注重儿童作为一个生命体存在的价值，同时认为“善”是教育的核心内容。瑞吉欧幼教模式强调儿童具有“百种语言”，教育应从儿童出发，以学定教。蒙台梭利教育法特别强调自由、工作和秩序的作用，关注儿童天赋能力的展现及各种关键期。多元智能理论则认为每个人都拥有一套独特的智能组合，并有独特的发展过程，教育的主要目的就是开发智能。

总的来说，各个教育理念都有较为明确的特点，也各自存在着不同的优劣势，具体如何选择则取决于家长希望自己的孩子获得的教学模式和训练是什么样的。

同步练习

1. 2～3 岁幼儿家庭教养指导的重点内容以及指导策略是什么？
2. 应如何帮助 2～3 岁幼儿建立良好的生活作息规律？

我的收获

我的问题

解决办法

主题2 2～3岁幼儿家庭教养的常见误区及指导策略

一、片面教育

（一）片面教育的表现

1. 重习惯养成和身体养护，轻人格培养

据调查，大多数家长认为婴幼儿期最重要的任务，一方面是“养成良好的习惯”，培养孩子的文明礼貌，不在公共场合大喊大叫、不打人、不骂人等；另一方面是“养成健康的身体”。较少有家长能认识到“培养良好的人格”的重要性。多数家长缺乏婴幼儿心理发展方面的知识，这种认识上的局限直接导致家长忽视婴幼儿阶段的人格教育。父母应该认识到，婴幼儿的自信、自主等良好的人格品质的培养是家庭教养的重要内容之一。

2. 教养方法单一

大多数家长已认识到榜样的巨大作用，认可榜样示范法的价值。教养方法以表扬奖励为主，较少使用其他的教养方式，比如讲道理、批评惩罚、反复练习等。

3. 重视家庭的物质环境创设，轻视精神环境的营造

家庭教养环境主要分为物质环境和精神环境。从这两方面的调查来看，精神环境受重视程度明显低于物质环境。家长普遍重视婴幼儿成长的物质环境创设，尤其注重婴幼儿图书与玩具的投入。而在有的家庭中，精神环境方面存在明显不利于婴幼儿成长的因素。根据班杜拉（Albert Bandura）的观察学习理论，儿童社会行为的习得主要是通过观察、模仿现实生活中重要人物的行为来完成的。依此理论可以推断，家长的不良行为将会对婴幼儿产生负面影响。家长在孩子面前应避免的不良行为有：与家人争吵、长时间玩手机、抱怨、沉迷网络或电视、抽烟、讲脏话、喝酒、打牌等。

4. 侧重早期教育，忽视早期养护的科学性

家长普遍重视对婴幼儿早期教育的投入。随着国民素质的提高和年轻家长们教育理念的更新，我国0～3岁早期教育越来越被家长认同和追捧。同时，早期养护的科学性并未引起家长的足够重视，突出表现为对于婴幼儿早期动作发展，家长一般任其动作自然发展，缺乏对其进行引导性训练。

（二）克服片面教育的策略

1. 改善家庭育儿理念，运用正确的教养方式

提高幼儿生活自理能力，重视生活习惯和技能训练。重视幼儿心理健康教育，理解幼儿心理需求和情感需要。父母对幼儿人格的影响体现在幼儿人格发展的方方面面，研究表明，家庭中亲子互动对幼儿人格发展起着决定性的作用。家长应以身作则，为幼儿树立榜样，善于与幼儿沟通，努力成为“积极型”父母。“积极型”父母对幼儿成长有正确的看法，有比较明确的培养目标，愿意积极主动承担教育孩子的责任，注重与孩子的交往，愿意与社区、早教机构积极配合。与幼儿人格形成关系最紧密的因素就是家庭，首先，要创设一个安全、民主的家庭环境。民主环境创设的关键是摆正幼儿在家中的地位，要与其他家庭成员平等，既不溺爱也不忽视。家长采用民主的教育方式，鼓励幼儿独立、自主，对幼儿人格水平的提升有促进作用。其次，父母要做好榜样作用，减少谎言育儿的教养手段。家长要教给幼儿诚信理念，及时纠正幼儿说谎的错误行为。最后，父母的教养方式对幼儿人格的影响范围较广，“积极型”父母对幼儿人格发展促进作用较大。只有家庭关系和睦，成员之间关系协调，具有互敬互爱、互帮互让的高尚情操，才能使家庭成员的良好关系得到进一步深化和发展，也才能为幼儿提供一个平等、和谐、愉悦的家庭教养环境，才能利于孩子的身心健康和谐发展。

2. 善用不同的教养方式

家庭教育具有“不教而教、不学而学”的根本特点。比如，陶冶法正是一种“不教而教、不学而学”的教育方法，它寓教于日常生活之中，通过潜移默化达到教育的效果。只有认识到陶冶法的重要价值，父母才会以身作则、言传身教，为孩子的健康成长营造良好家庭环境。自然后果法是法国教育家卢梭反对空洞说教和人为的惩罚而提出的一种幼儿教育方法。他认为“让儿童从直接经验中获得的教育效果，肯定比成人枯燥的说服和单一的惩罚要强一百倍”。在保障安全的前提下，运用自然后果法能有效纠正儿童的那些直接带来不良后果的行为过失。

3. 创设良好的家庭文化氛围

2～3岁幼儿对周围事物充满好奇，他们喜欢亲身接触感知事物。家长可以多带幼儿到户外，让他们到新的环境中去。父母应重视亲子陪伴的价值与质量。高质量的陪伴要求家长有时间上的保证、爱与情感的投入以及与孩子一起做有意义的事。家长应在家庭中多陪伴孩子进行游戏、阅读、锻炼等活动。家长可以定期带孩子到户外进行娱乐与学习，如动植物园、游乐场、海洋馆、游泳馆、图书馆、博物馆、科技馆等公共娱乐与文化场所，以此增进亲子关系，提升家长的科学文化素养，还有助于亲子共学的家庭文化氛围的形成，促进亲子共同进步与成长。

4. 正确看待早期教育，重视科学的早期养护

家长的教育观念和教育行为决定了家庭中早期教育的质量。正确看待早期教育，比如早教课的老师主要是示范和引领，帮助家长和孩子进行互动游戏。早教课的意义在于帮助父母建立科学的早期观念，了解科学的育儿知识，帮助家长了解和把握幼儿的敏感期，通过和幼儿一起游戏掌握一些教育的方法与技能，并应用于幼儿家庭教育中，有意识地引导幼儿动作发展，进行针对性引导训练。

二、包办代替

（一）包办代替的表现

1. 生活上的包办代替

生活上的包办代替主要表现为：衣来伸手，饭来张口，不用孩子动手。婴儿出生之后，没有生活自理能力，确实需要家长的直接帮助，但这种情况应该随着孩子快速的发育而逐渐减少，从部分放手直到最后完全放手。2岁的幼儿吃饭时，喜欢自己拿勺子吃饭，但不能准确地把饭送到自己的嘴里，而使饭撒得到处都是，这时有的父母会强行把勺子夺过来，改为喂幼儿吃饭。幼儿熟练使用勺子，是一个眼、脑、手、嘴的协调过程，是幼儿最初的感觉统合能力发展。而有的幼儿3岁以后逐渐出现感觉统合失调现象，与幼儿生活中被包办代替过多，缺乏类似的感觉统合锻炼有关。

2. 饮食上的包办代替

饮食上的包办代替表现为：吃流食、吃碎菜、吃烂饭，幼儿不用咀嚼。幼儿都有一个从吃流食到半流食，再到主食的过程。而长期停留在只吃流食的幼儿，则只会吞咽，还不会用牙齿咀嚼。这样不但吃饭容易噎着，而且对幼儿的牙齿发育不利。另外，咀嚼还能刺激大脑活动。

3. 行动上的包办代替

行动上的包办代替表现为：一出门就抱（或坐车），不用幼儿动脚。现代生活条件越来越好，出行工具越来越便捷，于是有的幼儿出门就坐车，不喜欢走路，爱让家长抱。幼儿行走、跑跳的机会大大减少，走路、跑步的发展意义被家长忽略了。2～3岁是各种动作发展的关键期，幼儿仅仅会走路是不够的，还要走稳、耐走，走和跑有速度而且平衡协调，掌握跨越障碍的技能。幼儿的行动被包办代替了，不但下肢肌肉力量的发展会受限，而且还影响整个身体的大运动发展。

4. 语言上的包办代替

语言上的包办代替表现为：孩子的一个眼神或动作，家长即刻心领神会，不用孩子动口就马上满足孩子的需求。有的孩子3岁了还不会说话，爸爸妈妈有点儿着急，祖辈说："没事，孩子长嘴巴就能学会说话，主要原因是你们总不在家，不了解孩子的心思，孩子一个眼神、一个动作，我就知道他想干什么。"这就陷入了语言上的包办代替，没给孩子说话锻炼的机会。即使家长对孩子的眼神和动作心领神会，也不要马上予以回应，而要给予孩子相应的语言刺激："宝宝想要什么？想要喝水吗？哪个是你的杯子？"虽然孩子还不会说话，但他在"听话"，足够的听觉刺激是孩子理解语言、模仿发音、学会说话的基础，不宜一声不吭地拿了水杯就递给孩子，这样会阻碍孩子的语言能力发展。

5. 思维上的包办代替

思维上的包办代替表现为：孩子一遇到困难就给予帮助，不用孩子动脑。2岁以后，孩子特别爱问问题，"这是什么""为什么"之类的问题源源不断。有的孩子遇到困难就爱说"怎么办""我不会，你帮帮我吧"，家长觉得那仅仅是举手之劳就一帮到底了。实际上，思考问题、解决问题的能力在孩子才几个月的时候就已经渐渐发展了，两三岁的孩子具有更高级、更复杂的思维能力，家长不宜代替孩子思考，不必立即回答、立即帮助，可以鼓励孩子动脑筋想一想、猜一猜，动手试一试、做一做，帮助他养成勤于动脑、勤于动手的习惯。

6. 情绪上的包办代替

情绪上的包办代替表现为：孩子的愿望得不到满足就会不高兴。心智成熟的成人能够主动调节自己的情绪，而幼稚的孩子管理自己情绪的水平较低，可能一不高兴就会发脾气甚至大哭大闹。看到孩子这样，家长就心软了，于是满足了孩子的愿望。实际上，一味地满足孩子的愿望，换来的只是暂时的快乐，孩子以后不但会形成用情绪来要挟家长的习惯，而且他不断增长的欲望会越来越难以满足。孩子在日常生活和与人交往的过程中，难免会体验到失意、难过、伤心等负面情绪，只有逐渐学会平衡自己的需求、调节自己的心理，他才有能力享受真正的快乐。孩子一不高兴家长就满足其愿望，则在情绪上包办代替孩子的心理体验，不利于孩子健康心理的发展和良好性格的形成。

（二）包办代替的主要原因

孩子年龄小，需要大人的照顾，但是照顾过度就很容易包办代替。家长包办代替的主要原因有三：一是特别爱孩子以致缺乏理性，认为爱孩子就要为孩子做好一切，不要让孩子受委屈；二是家长的教育方式没有跟随孩子的发展而调整，仍然沿袭小婴儿时期的养育方式，迁就孩子的“衣来伸手，饭来张口”，过度担心孩子不会做事而没给孩子动手锻炼的机会；三是包办代替比让孩子自己动手更加高效、利落、省事，否则孩子做得不好，家长还得为孩子收拾整理。

（三）如何避免包办代替

1. 鼓励幼儿自己做，包容幼儿做不好

2～3 岁的幼儿喜欢做事情，但很可能还做不好。父母应懂得这个年龄阶段幼儿的生理和心理发展的特点，幼儿有巨大的潜力，持续的锻炼可以提高幼儿的动手能力。家长要充满热情地鼓励幼儿动手操作，参加简单的家务劳动（见图 4－6）。

图 4－6　幼儿参加简单的家务劳动

2. 经常启发孩子想一想、试一试

（1）理解幼儿的语言所要表达的意图。2～3 岁的幼儿由于刚学会说话，还不能用语言完整清楚地表达自己的意思。父母一定要耐心倾听孩子的诉说，理解孩子的意图，另外还要鼓励并指导孩子说出想法。

（2）当孩子求助家长时，不要拒绝，也不要代替孩子动手动脑。家长可以试着经常启发孩子："动手试试吧，看看有什么新发现。"或者"你有一个聪明的小脑袋，我们可以开动脑筋想一想。"

3. 家长做一半，为孩子留一半

生活中的许多技能需要家长手把手教导孩子，但这不意味着完全替代孩子。家长可以先做一遍，然后让孩子模仿。如果孩子不能完全独立模仿，家长可以先做一半，为孩子留一半，使孩子处于半独立模仿状态。例如穿衣服、系扣子、系鞋带等事都可以家长做一半、孩子做一半。家长应积极为孩子营造一个从依赖到半独立再到独立的过渡空间。

想一想

请根据所学知识，分析家长应该如何培养2～3岁幼儿在餐桌前自主安静进餐的习惯。

三、玩具选择

（一）玩具选择中存在的问题

在婴幼儿成长过程中，玩具自始至终陪伴着他们，是他们最亲密的伙伴。通过玩玩具，婴幼儿进行探索，动作能力、想象力得到发展。著名儿童教育专家陈鹤琴曾经说过：对玩具应做广义理解，它不只限于街上卖的供儿童玩的东西，凡是儿童可以玩的、看的、听的和触摸的东西，都可以叫玩具。

1. 玩具选择重智力开发

在玩具选择上，有近一半的家长将玩具的教育价值列在首位，很多家长认为教育价值主要体现在智力开发上，极少数家长认可玩具的娱乐功能。在玩具选择上家长倾向于选择益智类玩具，希望通过玩具开发婴幼儿的智力，让他们更聪明，这在幼儿2～3岁阶段尤为突出。

2. 玩具玩法单一，闲置率高

（1）家长指导方式单一。家长在指导幼儿玩玩具时普遍存在玩法单一的问题，玩法获得途径主要来源于包装盒上的使用说明。

（2）"超前"购买玩具。婴幼儿玩具都会按照婴幼儿的年龄分类，并在商品简介中详细说明适宜的年龄阶段。家长普遍会选择购买孩子下一个年龄阶段的玩具。比如2岁幼儿的家长会购买适宜2.5～3岁幼儿，甚至3～4岁幼儿的玩具。家长认为孩子很快就长大了，总能用上超前购买的玩具，相对来说下一个年龄段的玩具功能性更强，而忽略孩子当下的发展和需求。

（3）玩具来源单一。玩具主要购于玩具店、母婴店，缺少自然物、自制玩具、日常使用物品的渗透。

（二）玩具选择的建设

1. 改变玩具选择的观念

夸美纽斯谈论玩具的作用时提出，儿童所喜欢玩的东西，只要对他们没有伤害，都应该使他们满足，而不应该禁止他们。玩具最本质的功能是娱乐，即玩具可以让幼儿感到愉悦，选择玩具不仅是为了开发幼儿的智力。

2. 玩具的选择

（1）大动作类玩具。

1）滑板车或者平衡车。2～3岁的幼儿非常适合骑滑板车或平衡车，这类玩具可以锻炼幼儿的手臂、腿部肌肉和平衡能力，增强身体灵活性、技巧性，促使小脑的发育，提高智力。需要提醒家长们注意，运动过程中要给幼儿做好安全措施，以免发生意外。

2）球类运动。2～3岁的幼儿已经可以对着目标扔球了，偶尔还能接住球。经常玩球也能锻炼幼儿的手脚灵活能力，使幼儿思维敏捷。在家时，爸爸妈妈可以陪幼儿一起“比赛”投篮，这样的亲子活动有利于增进家长与幼儿间的感情，培养幼儿的协调合作能力。

（2）精细动作类玩具。

1）串珠（见图4－7）。将珠子或颗粒积木穿过一根丝线，可以锻炼幼儿的手眼协调能力和手部肌肉，培养幼儿的耐心和专注力。

图4－7 串珠

2）画板和颜料。2～3 岁幼儿的涂鸦已受到视觉的控制，并逐步注意自己的笔端。这时如果家长不断地鼓励孩子涂鸦，对孩子绘画能力发展大有好处。

3）积木。积木适合年龄段很广，2～3 岁的幼儿空间思维有所发展，对建筑开始感兴趣，可以给幼儿提供大颗粒的拼插积木，或其他块状的、能连接或咬合在一起的玩具。让幼儿建造房子、花园、森林、火车等，不仅可以锻炼幼儿的眼手协调能力，更能激发幼儿的想象力。

4）磁力片。磁力片分为两种，分别是彩窗磁力片和框架磁力片。

（3）认知类玩具。

认知类玩具可以协助幼儿学习，以及诱发幼儿对各种抽象概念的了解，如自我概念、线条、数量、配对、关系、序列、空间、分类、因果、时间、部分与整体等。如在堆积木的过程中，孩子不但可以认识形状（哪些形状可以堆在一起）、颜色，同时也能认知到物体彼此间的关系，例如：积木必须从低堆到高，这对认知空间概念和顺序概念都会有所帮助。

（4）拼图类玩具。

2～3 岁的幼儿第一次接触拼图，建议从简单的 3～4 片的拼图入手，等幼儿适应后逐渐增加难度。选择拼图时，可以选择木质大块拼图，安全、健康且便于幼儿抓握（见图 4－8）。

图 4－8　拼图类玩具

（5）互动书籍。

比如感官刺激书、生活启蒙触摸书、有声书等（见图 4－9）。

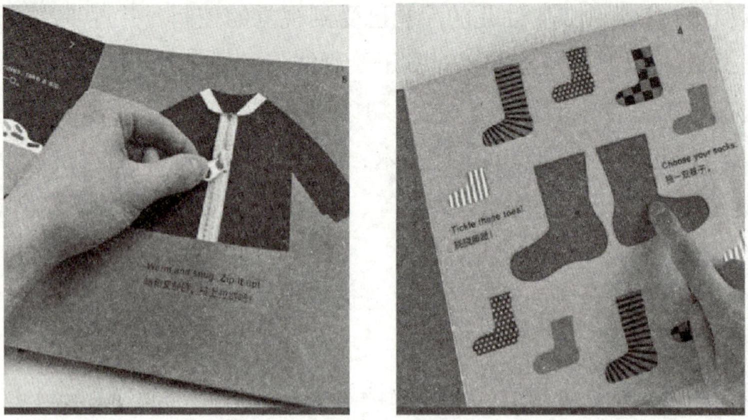

图 4 - 9　互动书籍

（6）音乐类玩具。

音乐能够激发 2 ～ 3 岁幼儿跳舞、拍手、旋转、单脚跳等。家长可以给幼儿一面手鼓或小鼓，播放不同的音乐让幼儿有节奏地敲击小鼓，激发幼儿的音乐节奏感，也能锻炼幼儿的手指运动。音乐类玩具如图 4 - 10 所示。

图 4 - 10　音乐类玩具

（7）社会类玩具。

2 ～ 3 岁幼儿逐渐开始喜欢角色扮演类游戏，模仿成人的行为。经常玩扮演游戏不仅能够提升幼儿的抽象思维，还能促进幼儿社交能力、语言能力、想象力的发展。社会类玩具包括游戏厨房等（见图 4 - 11）。

图4－11 社会类玩具

玩具在每个孩子成长过程中是必不可少的，好的玩具可以促进孩子能力发展。家长要注意，不能给孩子买了玩具就让孩子自己玩，再好的玩具也需要家长陪伴，一起探索，引导孩子开发更多玩法，让每一个玩具都物尽其用。

拓展知识

蒙氏教玩具

在蒙氏理念中，0～6岁孩子首先要通过反复练习，获得照顾自己的能力。比如可以让2～3岁幼儿用水壶和敞口杯倒水喝、拧水壶盖子、系扣子、穿衣服、穿鞋子、系鞋带等。这些事情不仅能够锻炼他们的精细动作，还能提高专注力，并使幼儿成功掌握一项技能。适合2～3岁幼儿的蒙氏教玩具主要有以下几类（见图4－12）：

1. 日常生活工作书

书里面浓缩了很多能够帮助幼儿练习如何照顾自己的“工作”，比如系鞋带、绑蝴蝶结、拉拉链等。虽然家长平时可以在给幼儿穿衣服、穿鞋子的时候同时教他们怎样去做，但这样一本布书更适合他们反复练习。而且可啃咬、可水洗的设计也很适合幼儿。

2. 儿童工具箱

主要用于锻炼拧开和拧紧这两个动作，它可以提高幼儿动作协调能力。当幼儿看过家长在家修东西，就会好奇，给他们准备一个工具箱，可以让他们进行模仿和锻炼，还能用来玩角色扮演游戏，促进他们的语言表达能力提升。

3. 手抓拼图

手抓拼图需要用到“三指钳”（拇指、食指、中指）这个动作去抓住一个物品，它能够很好地锻炼幼儿拇指、食指、中指的抓握能力，为之后学习写字打下基础。

4. 生活类教玩具

如大小、重量都适合幼儿的清洁工具类玩具，适合对清洁工具感兴趣的幼儿。

日常生活工作书

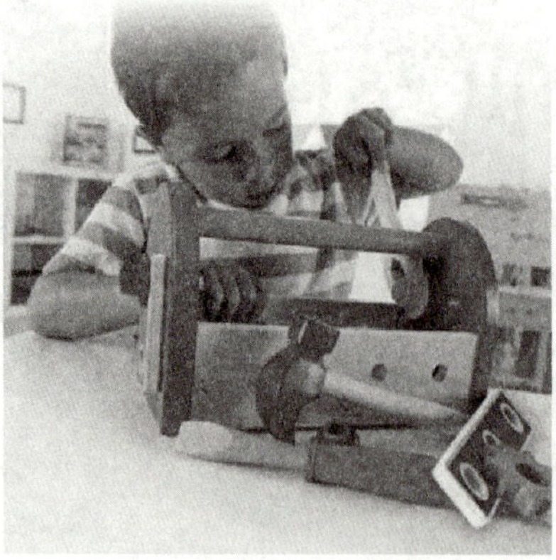

儿童工具箱

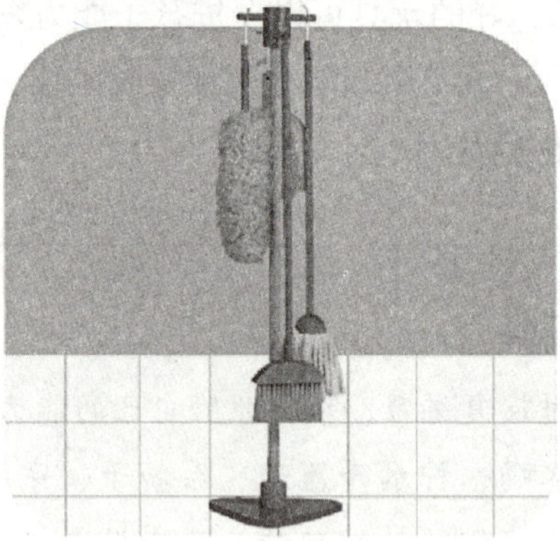

清洁工具类玩具

图 4－12　蒙氏教玩具

四、入园焦虑

（一）入园焦虑的表现

1. 幼儿的入园焦虑

2～3 岁的幼儿在面临入园或其他与家长长期分离的场景，有可能出现严重的分离焦虑。一般来说，跟家长分开后的幼儿产生分离焦虑分为三个阶段：

（1）反抗。号啕大哭，又哭又闹。

（2）失望。仍然继续哭泣，动作、吵闹减少，不理他人，表情麻木。

（3）超脱。接受外人的照料，开始正常活动，但是想起家长时又会出现悲伤的表情或者哭泣。大多数幼儿入园时处于这一阶段。

2. 家长的入园焦虑

对于即将入园的孩子，家长往往感到不放心。有的家长担心幼儿的生活能力，如大小便、吃饭、喝水等问题幼儿是否能自己解决，或者幼儿园老师能否及时关注；有些家长担心幼儿能否向老师表述自己的基本需求；还有些家长认为自己的孩子比较内向，担心幼儿的交往能力，是否能够尽快适应新的环境，认识新朋友，有没有小朋友跟他一起玩。在孩子刚入园时，很多家长因为担心孩子，所以总是趁孩子不注意时在幼儿园门口观望。

（二）轻松度过分离焦虑

1. 幼儿入园准备

（1）分离是一个渐进的过程。

在 2.5 ～ 3 岁阶段，家长可以有意识、有计划地逐步拉长和幼儿分离的时间。可以让幼儿独立玩或者和家人轮流照顾幼儿。让幼儿学会面对分离，知道父母只是暂时离开，一定会回来。

（2）入园心理准备。

帮助幼儿了解以后要长期生活的环境。家长可以在家长开放日带孩子看看幼儿园的活动室、教室里的玩具、寝室的小床、厕所的小马桶等，熟悉环境，给幼儿做好心理准备，告诉孩子这是他以后会长期生活的地方。如跟孩子说："宝宝要上学，爸爸妈妈要上班，宝宝放学了爸爸妈妈就会来接你，宝宝要在幼儿园学习本领。"让幼儿逐渐认同幼儿园并对幼儿园产生期待。

（3）入园生活准备。

家长应有意识地训练幼儿的生活自理能力，幼儿要自己学会穿衣服、吃饭、上厕所、喝水等。幼儿从学会到熟练需要一个过程，父母要多鼓励孩子，让孩子发现其中的乐趣。调整幼儿的作息时间与生活习惯，逐步与幼儿园小班一日活动的时间安排接轨。

拓展知识

让怕生的孩子多接触新环境

有不少孩子见到生人或者到了新的环境，就会躲在父母的身后不说话。对于这种情况，很多家长都认为是孩子胆小、怕生、内向。许多家长会带孩子到更多的陌生场合去锻炼孩子，让孩子去接触更多新的环境、事物和人。殊不知，这样会使孩子的恐惧心理增强，会越来越怕生。

其实，孩子对于新的环境、事物和人都会自然地产生恐惧心理，这是孩子的一种自我保护意识。对于新环境、事物和人有一个适应期，这是婴幼儿正常的认生现象，是由孩子的心理发展特点决定的。

正确的方法是在孩子每接触一个新环境时都要有孩子认为最亲近的人陪在身边，并且不止一次地去熟悉这个环境，给孩子一种安全感。适应的时间由短到长，逐渐延长。其间不要再接触其他新环境，等孩子适应了以后再接触其他新环境。随着孩子年龄增长，认知能力提高，就不会再出现这样的问题了。

2. 家长克服心理焦虑

（1）克服自身焦虑。

分离焦虑同样发生在家长身上。家长的焦虑情绪会潜移默化地影响幼儿。家长往往难以意识到自身的分离焦虑。2～3岁的幼儿非常敏感，会敏锐察觉到家长情绪的变化。家长要尽快调整好自己的心态。家长要明白幼儿园是社会的雏形，一部分社会上发生的问题在幼儿园也会发生，这是正常现象，生活即教育的意义就在于此。

拓展知识

2～3岁幼儿的分离焦虑

分离焦虑是指幼儿离开父母或者其他亲密照顾者时所表现的不良情绪或不适应行为。通常表现为以下几个方面：

（1）怕生：不愿与老师和陌生的小朋友交往，躲避，缩在角落或无人之处。

（2）拒绝进食：有些孩子会通过拒绝吃喝的行为来表现反抗。

（3）强烈反抗行为：如打人、咬人、摔东西、抢玩具等。

（4）说谎：有的孩子为了拒绝上幼儿园或早教机构，会回家告诉父母“老师（小朋友）打我”“没有玩具”“不给饭吃”等。

（5）大哭大闹：情绪反应强烈，哭闹不止。

（6）阶段性体质过敏：由于新环境使孩子情绪波动较大，加上哭闹、紧张，体能消耗较大，会出现代谢紊乱，进而引起体质敏感、易生病。

对于2岁以内的婴幼儿来说，分离焦虑显示了婴幼儿对母亲或者其他亲密照顾者有健康的依恋关系。2岁之后的幼儿，与亲人分开时出现一定程度的不安也属于正常范围，如果坐立不安、害怕等表现程度比较严重，持续时间比较长，就可能存在心理问题。

幼儿离开了熟悉的家庭环境，面对陌生人和环境失去安全感，感到恐惧，就会焦虑不安、沮丧、哭闹，有的幼儿甚至会表现出生理上的种种不适应，比如头痛、肚子痛、尿频等现象。

家长应从小培养婴幼儿“独处”的经验和能力，比如：让婴幼儿自己玩耍、睡婴儿床等。经常和孩子说“再见”，比如：家长要去洗手、如厕、做饭时都可以对他说再见。这样幼儿就会慢慢懂得“再见”之后的一段时间里看不到爸爸妈妈，但是最终爸爸妈妈会回来的。培养幼儿的生活自理能力，增强幼儿的信心，逐步培养幼儿独立如厕、穿衣、吃饭、入睡等。这些都有助于缓解分离焦虑。

（2）相信孩子，相信老师。

2～3岁幼儿的环境适应能力比我们想象中要强得多。家长对幼儿入园这件事要表现出充分的信任。鼓励幼儿，相信他们一定可以适应新环境。接纳和相信幼儿园老师。家长对幼儿园及幼儿园老师的接纳和信任程度决定了自己的孩子在幼儿园的生活质量。

拓展知识

美国儿童心理专家斯坦利·格林斯潘的研究发现，3 岁左右的幼儿在玩耍过程中，差不多每隔 15 分钟就会去寻找一次亲密看护人。这是孩子的本能：和亲人分离达到一定时间和空间的边界后，就需要重新回到亲人身边，获取安全感。

同步练习

1. 2 ～ 3 岁幼儿家庭教养中的包办代替会产生哪些问题？应该如何应对？
2. 幼儿产生分离焦虑的原因是什么？应该怎样缓解？
3. 结合 2 ～ 3 岁幼儿的发展特点，谈谈可以为其选择什么类型的玩具。

我的收获

我的问题

解决办法

模拟测试

一、单选题

1. 2 岁的幼儿看到其他幼儿在哭，会试着拿自己的玩具去安抚他。这体现了 2 ～ 3 岁幼儿哪方面的发展？(   )

A. 感知与运动　　B. 认知与语言

C. 情感与社会性的发展　　D. 身体发育

2. 孩子 3 岁了还不会说话，爸爸妈妈有点儿着急，爷爷奶奶说："没事，孩子长嘴巴就能学会说话，主要原因是你们总不在家，不了解孩子的心思，孩子一个眼神、一个动作，我就知道他想干什么。"爷爷奶奶的观点存在什么误区？(   )

A. 语言上的包办代替　　B. 思想上的包办代替

C. 情绪上的包办代替　　D. 行动上的包办代替

3. 幼儿生活自理能力初步形成的关键期在（   ）。

A. 0 ～ 2 岁　　B. 2 ～ 4 岁　　C. 4 ～ 6 岁　　D. 6 ～ 8 岁

4. 以下哪个是开放式的玩具？(   )

A. 拼图　　B. 瓶盖、纸箱　　C. 平衡车　　D. 串珠

5. 家长的一言一行对处于启蒙期的幼儿有着极为重要的影响，以下行为正确的是（   ）。

A. 对孩子要求很严格，对自己却放任自流

B. 情绪起伏大

C. 努力提高自身素质，做学习型家长

D. 只需要把孩子送去上早教课就好

二、多选题

1. 2 ～ 3 岁幼儿家庭教育中包办代替的表现涉及哪些方面？(   )

A. 生活　　B. 行动　　C. 语言　　D. 情绪

2. 2 岁以后，有的孩子遇到困难就爱说"怎么办""我不会，你帮帮我吧"，家长正确的做法是（   ）。

A. 自己动手更加高效、利落、省事

B. 鼓励孩子自己做，包容孩子做得不好

C. 抓住机会，启发孩子想一想、试一试

D. 手把手教导孩子，自己做一半，给孩子留一半

3. 小宝快 3 岁了，还不太会说话，家长可以通过以下哪种方式促进小宝语言能力的发展？(   )

A. 家长和幼儿一起做语言复述的游戏

B. 根据不同的生活场景，就看见的场景提问，让幼儿回答

C. 鼓励幼儿同伴之间的自发模仿和相互交谈

D. 耐心倾听孩子的诉说，理解孩子的意图，鼓励并指导孩子说出想法

三、简答题

1. 简述 2 ～ 3 岁幼儿家庭教养的内容。

2. 简述 2 ～ 3 岁幼儿家庭教养指导策略。

3. 简述 2 ～ 3 岁幼儿家庭教养的常见误区。

四、材料分析题

新学期马上就要开始了，幼儿园将迎来一批小班新生。宝妈们有各种担心和焦虑：孩子在幼儿园哭闹怎么办？孩子想妈妈怎么办？孩子不喜欢上幼儿园怎么办？对于 3 岁的孩子来说，上幼儿园是他迈出的第一步，离开自己的小家庭，来到幼儿园这个大家庭。由于生活环境的改变，不少孩子会产生入园焦虑，每天哭闹着不愿上幼儿园，这让很多家长束手无策。

根据以上材料，回答以下问题：

1. 入园焦虑的表现有哪些？

2. 作为教师应如何指导家长帮助幼儿顺利度过入园焦虑期？

项目5 不同类型家庭婴幼儿家庭教养指导

学习目标

知识目标

理解和掌握不同类型家庭婴幼儿家庭教养存在的问题与指导策略。

能力目标

用比较法辩证地分析不同类型家庭婴幼儿家庭教养存在的问题及其策略之间的异同。

素养目标

能贯彻落实党的教育方针，能用积极、正面、科学的眼光去看待不同类型家庭的婴幼儿，努力为其创造良好的教养环境和成长条件；树立积极应对不同类型家庭婴幼儿的家庭教养问题的信心，并尝试运用所学知识给予不同类型家庭婴幼儿家庭教养适当的建议，努力传承“好家教、好家风”的时代精神。

思维导图

- 项目5 不同类型家庭婴幼儿家庭教养指导
  - 主题1 独生子女家庭婴幼儿家庭教养指导
    - 独生子女家庭的特征
    - 独生子女家庭婴幼儿家庭教养的优势
    - 独生子女家庭婴幼儿家庭教养易出现的问题
    - 独生子女家庭婴幼儿家庭教养的建议
  - 主题2 非独生子女家庭婴幼儿家庭教养指导
    - 非独生子女家庭的特征
    - 非独生子女家庭婴幼儿家庭教养的优势
    - 非独生子女家庭婴幼儿家庭教养易出现的问题
    - 非独生子女家庭婴幼儿家庭教养的建议
  - 主题3 单亲家庭婴幼儿家庭教养指导
    - 单亲家庭对婴幼儿的消极影响
    - 单亲家庭婴幼儿家庭教养易出现的问题
    - 单亲家庭婴幼儿家庭教养的建议
  - 主题4 重组家庭婴幼儿家庭教养指导
    - 重组家庭对婴幼儿的消极影响
    - 重组家庭婴幼儿心理及行为问题的原因
    - 重组家庭婴幼儿家庭教养的建议

情境导入

强烈的“独占欲”

一位妈妈对于自己的孩子具有强烈的“独占欲”而感到困扰。家里有两个孩子，大宝3岁，是个女孩，二宝1岁，是个男孩。大宝不管何时何地都喜欢霸占东西，不管是吃的东西还是玩的东西，总是抱在怀里，不让二宝吃、不让二宝碰。妈妈跟大宝说了好多次，要跟二宝一起分享，但大宝就是不愿意。

每次大宝玩玩具的时候，二宝就会在一旁看，看着看着就会上手摸。大宝就开始发脾气，并且跟二宝打架。妈妈会跟大宝说先给二宝玩一会儿，但大宝怎么都不肯，嘴上一直说：“我的、我的，是我的玩具！”

点评：独占是幼儿本真的需要。什么东西都要抱在怀里，不允许其他人碰触自己的东西，这是个体在成长和发展过程中的自然表达，家长要认识到这是一个正常的现象。

家长可以告诉孩子东西永远都是他的，即使别人玩过也都还是他的，让他知道东西不会因别人玩过就会变成别人的。同时理解孩子的情绪，可以跟孩子说：“妈妈知道你不想给弟弟/妹妹玩是因为你还没有准备好，等你准备好了你一定会给弟弟/妹妹玩的。”家长要接纳孩子的“独占欲”，并鼓励孩子表现出大方的行为。

热身思考

1. 独生子女家庭教养有何优缺点？
2. 非独生子女家庭教养有何优缺点？
3. 单亲家庭对婴幼儿可能会造成哪些方面的影响？
4. 重组家庭婴幼儿可能会产生哪些心理或行为问题？

任务探索

任务探索1：请你查阅资料，完成表5－1。

表5－1　各类型的家庭教养对策

不同家庭类型	可能会对婴幼儿产生的影响	教育对策	养育对策
独生子女家庭			

续表

不同家庭类型	可能会对婴幼儿产生的影响	教育对策	养育对策
非独生子女家庭			
单亲家庭			
重组家庭			

任务探索 2：请你查阅资料，搜集家庭教育的典型案例，并在此基础上分析不同类型家庭教养的指导建议。

主题 1　独生子女家庭婴幼儿家庭教养指导

1982 年，计划生育政策正式写入宪法，“国家推行计划生育，使人口的增长同经济和社会发展计划相适应”，“提倡一对夫妇生育一个子女”。独生子女家庭是指一对夫妇生育或收养唯一一个子女的家庭。随着独生子女数量的与日俱增，独生子女的教育问题渐渐成为家长、学校、社会普遍关注的问题。

一、独生子女家庭的特征

在家庭结构上，独生子女家庭与非独生子女家庭主要的区别就是儿童数目的多寡，不同的儿童数目带来了家庭关系的变化和家庭成员心态的变化。在家庭关系上，独生子女家庭与非独生子女家庭相比，缺少的就是兄弟姐妹的关系，这一关系的缺失改变了亲子关系以及亲子互动的类型。

二、独生子女家庭婴幼儿家庭教养的优势

（一）享有家庭集中的教养资源

独生子女家庭只有一个子女，家庭中所有的资源可以集中在一个孩子身上使用，家庭能够提供较为优越的物质生活条件，能有效地给婴幼儿提供充足的营养和保健条件，可以使婴幼儿减少疾病，促进婴幼儿身体良好发育。独生子女父母将工作以外的大部分时间和精力都放在一个婴幼儿的教育与养育问题上，有强烈的意识和愿望为婴幼儿选择

优质的教育平台和甄选更好的教育资源。父母能够并且愿意付出更多的金钱使婴幼儿上更好的早教机构，享受更优质的早期教育。此外，独生子女父母还积极地为婴幼儿进行智力投资和兴趣拓展活动，会购买足够的甚至过多的玩具、绘本等，并乐于让婴幼儿参加兴趣班和特长班，培养其兴趣爱好。

（二）获得更多的爱和关注

在独生子女家庭中，婴幼儿享有充分的爱，受到父母的关注和教育机会更多。父母的关爱会成为促使婴幼儿上进的内驱力。婴幼儿在温暖的家庭氛围中情绪放松，心情舒畅，无忧无虑，精神愉快，思想活跃，个性得以充分发展。独生子女家庭不会有父母的偏爱现象，孩子不会产生失落感，能与父母建立良好的亲子关系。

三、独生子女家庭婴幼儿家庭教养易出现的问题

（一）子女承担较高期待

独生子女比非独生子女享受更多的教育资源及投资，但是同时也承担更多的期待和压力，有时会出现敏感、焦虑等心理障碍，在没有达到家长的期许时容易出现失落等消极情绪和反应。当父母的期望在合适的范围内时，独生子女的自尊心、自信心就会得到较好的培养。如果父母的期望过高，信奉“不要输在起跑线上”的超前教育理念，对婴幼儿进行压迫式教育，则会对婴幼儿的身心健康造成不良影响。过高的期望扭曲了父母平和的教育心态，甚至会出现不尊重教育规律的做法，一厢情愿地拔苗助长和急功近利，容易使婴幼儿身心疲惫，进而对学习丧失兴趣。

（二）家庭互动单一

独生子女家庭中的人际互动较为单一和集中，婴幼儿成为家庭中人际互动的焦点，而且家庭其他成员的互动也更多地围绕着婴幼儿展开。这种氛围对婴幼儿的成长不利。家长会把婴幼儿视为“掌中宝”“心头肉”，大部分独生子女家庭会存在祖父母、外祖父母和父母共同关注一个婴幼儿的状况，孩子集全家宠爱于一身，甚至一些基本的生活自理技能，如穿衣服、用筷子吃饭、系鞋带等小事，家长也为孩子统统包办代替，剥夺其锻炼的机会，这就使得婴幼儿没有机会掌握生活自理技能，独立性较差。

想一想

在“421”结构（4个老人、2个大人、1个孩子）的家庭中，家长教养方式不一致会导致孩子出现哪些问题？

（三）教养方式不当

对于家庭里唯一的孩子，父母容易溺爱和过度保护，这也催生了以下几种教养方

式：第一种是放任自流。娇生惯养，在物质需求方面，孩子要什么就给什么，孩子形成了以自我为中心、脾气大、娇气、挑吃挑穿、懒散、自理能力差等特点。第二种是限制过多过严。父母从婴幼儿的安全着想，剥夺了婴幼儿活动的自由，限制幼儿的户外活动，不许跑跳，不许攀登，不许同其他小伙伴一起玩。这些过多的限制、干涉和保护，压制了婴幼儿的自然发展，扼杀了婴幼儿的好奇心和积极主动探索的欲望，容易造成婴幼儿胆小、懦弱、呆滞、孤僻、爱发脾气、无理取闹、情绪低沉、身体欠佳等一系列问题。

（四）同辈群体缺失

独生子女家庭的一个天然不足就是缺少同辈群体如兄弟姐妹关系的影响。兄弟姐妹的关系不同于亲子关系，它是平等的、横向的。在和兄弟姐妹的相处过程中，能学会妥协、协商和合作等人际交往能力。从生态学的角度来看待家庭中子女共存的问题，主体之间的关系是一种竞争中共生的关系，这种竞争且共生的关系使子女具备一定的与人相处、相互合作的能力，能增强个体的生命力①。相反，当家庭中缺少共生条件，个体易缺乏竞争力。兄弟姐妹作为最佳的合作伙伴同时也是最有力的竞争对手，是增强与同辈人沟通能力的最佳选择，兄弟姐妹的缺失带来的唯一性会导致子女的变异性增加，因此有的独生子女会表现出强调个人权利、较高的独立意识和更多的民主意识，但是在独立能力、集体责任和意识等方面要弱于非独生子女，且更多地表现出不能吃苦、包容性差的特征。②

四、独生子女家庭婴幼儿家庭教养的建议

（一）适当放手，培养独立性

独生子女的父母要切实把握爱的分寸，做到爱而不娇、严而不厉，使自己的教育观由娇惯型变为培育型，由代替型变为自理型。因此，父母应该根据婴幼儿身心发展规律有限度地关爱婴幼儿，尽可能地让婴幼儿融入家庭和社会生活，承担起其年龄阶段应该承担的义务和责任，增强婴幼儿的自主性和自律性。例如，让孩子在家中做一些力所能及的家务劳动和一些自我服务性的活动，促进独生子女个性的健康发展。

（二）弱化独生子女的中心性

有的独生子女存在任性、怕吃苦、以自己为中心的特点，很大程度上是父母的家庭教养造成的。家人倾向于将婴幼儿放在家庭的中心地位，给予婴幼儿充足的爱甚至是过度的宠爱，导致婴幼儿自我认识上的偏差。他们认为自己的一切需求都得以满足是必然

---

① 时东方，樊丽娜，金春善．教育生态视野下独生子女家庭教育现状及对策研究 [J]．长春师范大学学报，2019，38（8）：124-126．

② 王以新．国内家庭教育的现状及对策［M］．青岛：中国海洋大学出版社，2003．

的，不能够从别人的角度思考问题，去自我中心化困难。因此，独生子女家庭的父母更应该弱化独生子女的中心性，将婴幼儿放在适当的位置上，避免过度宠爱婴幼儿。

案例评析

2 岁半的西西来自“独二代”家庭，从出生开始就成了全家的中心。由于是“独苗”，长辈们对西西的关爱无微不至，外出活动怕跌倒、跟小朋友一起玩怕吃亏……“奶奶亲、爷爷疼、姥姥抱、姥爷背”的情况时有发生。由于家长的无限包容，导致西西变得情绪脆弱且敏感，当遇到不如意的事情就会哭闹，很容易因为一点小事就过于激动或沮丧。

评析：

“独二代”即同为独生子女的夫妇所生的独生子女，他们在“421”的家庭结构中得到了更多的关注和爱护。当幼儿在面对困难或者逆境时，很多家长包办代替，时间久了会导致幼儿缺乏克服困难的心理体验，在面对冲突或矛盾时多表现出退缩、无助、依赖成人。

因此，家长要淡化幼儿在家庭中的中心地位，减轻幼儿以自我为中心的意识。一是要帮助幼儿形成正确的自我认知，消除幼儿的特权心理，让幼儿明白家庭中每个人都是平等的。二是要教会幼儿帮助他人做一些力所能及的事情，不能只关注自身感受。例如，帮助家长摆餐具、倒垃圾等。三是要坚持原则，如幼儿因得不到想要的东西而哭闹时，家长应坚持原则，不能被幼儿的情绪左右，可以采取“冷处理”，或者等幼儿安静下来再对其讲道理，这样幼儿就会明白通过哭闹达不到目的，明白并不是自己想要什么就能得到什么，逐渐减轻幼儿的自我中心意识。

资料来源：毕景刚，余蒙蒙．“独二代”幼儿抗逆力发展的个案研究 [J]．陕西学前师范学院学报，2022，38(12)：68-76.

（三）保持一致的教养方式

有些家庭中祖辈与父母都积极参与婴幼儿教养，就面临着双方育儿观念不一致，育儿的代际矛盾问题由此产生。在独生子女家庭教养中，要尽量做到目标一致，为婴幼儿营造一个良好的家庭氛围。父母在和祖辈沟通的过程中，要尊重祖辈爱孙辈的心情，同时要坚持自己的原则，尽量把祖辈纳入整个家庭教养的计划中来。如对婴幼儿的劳动训练，就需要与祖辈协商，定下来的规则要坚决地执行，这有利于婴幼儿心理健康发展。

（四）创造人际交往的机会

尽可能创造机会让婴幼儿和同辈群体一起学习、生活和游戏。婴幼儿的人际交往不是靠父母和教师讲道理完成的，父母做得再好也无法扮演婴幼儿的兄弟姐妹和同龄人的角色。在和同龄人相处的过程中，通过玩耍、活动、打闹和共同游戏，婴幼儿学会面对集体的规则、平等交流、释放压力，培养领导力和合作力。在和同龄人交往的过程中，难免会出现摩擦，这是婴幼儿成长和发展人际交往能力的绝佳机会。在确保安全的情况下，可以让婴幼儿尽情地体验这个过程中的情感变化，学会如何处理人际冲突。父母在事后可以同婴幼儿一起探讨，提升孩子的辨别能力。

积极让独生子女参与社会活动，可以从易到难有步骤地进行。首先，让婴幼儿学会到亲戚和朋友家做客，也可以请别人到自己家里做客，学会做主人；其次，让婴幼儿参与邻居和社区组织的活动；最后，让婴幼儿在托育机构或幼儿园的各种活动中做一个积极的参与者。所有的这些都需要父母的榜样示范作用，父母开放的胸襟对婴幼儿的身心健康成长十分有益。

拓展知识

独生子女与非独生子女早期发展的比较研究

多方面的研究显示，独生子女与非独生子女在各个方面都各有优劣。孙百才、仝辉 2009 年的研究显示，独生子女在身高、体重、心情与做事情的态度方面等都优于非独生子女；非独生子女在视力、诚信意识、爱心、奉献精神和助人为乐精神等方面都优于独生子女。综观各项研究，有些方面的研究结果显示独生子女的体质发展、智力水平等优于非独生子女；有些方面的研究结果显示非独生子女的身体素质、体能、独立解决问题能力等优于独生子女。

综合分析独生子女与非独生子女的对比研究，可以发现一个特点：在低年龄阶段，独生子女与非独生子女的差异比较明显，但随着年龄的增长，到大学阶段以后，独生子女与非独生子女多个方面的差异正在消失。如关于个性特征方面的研究，针对小学生和中学生的研究结果显示，独生子女与非独生子女之间存在差异；而针对大学生个性品质的研究结果显示，独生子女大学生和非独生子女大学生在社会性、冒险性及创造性指标中没有明显的差别。独生子女与非独生子女之间的差异是随独生子女的年龄变化而变化的，并且这种变化总的趋势是两者之间的差异逐渐缩小。家庭环境和后期生活环境中越来越多的一致性、共同性，可能是逐渐洗磨这种差异的重要原因。

资料来源：张蕊．30 年独生子女教育研究述评 [J]．当代青年研究，2012（8）：54-62.

同步练习

1. 独生子女家庭教养有哪些优势？
2. 独生子女家庭婴幼儿家庭教养容易出现哪些问题？

3. 对于独生子女家庭婴幼儿家庭教养的建议有哪些？

我的收获

____

____

____

____

我的问题

____

____

____

____

解决办法

____

____

____

____

主题 2　非独生子女家庭婴幼儿家庭教养指导

非独生子女家庭是指一对夫妇拥有两个及两个以上孩子的家庭。2015 年“全面二孩”政策出台，2021 年进一步实施“开放三孩”政策及配套支持措施。随着我国相关政策的逐步放开，非独生子女家庭的规模不断扩大，二孩、三孩家庭的教育问题引起了普遍的关注。党的二十大报告指出，要实现“幼有所育、学有所教”，弘扬中华民族传统家庭美德，加强二孩、三孩家庭家教家风建设十分重要。非独生子女家庭教养具有研究价值和讨论的必要。

一、非独生子女家庭的特征

非独生子女家庭中，家庭关系及互动较为分散，亲子互动既可以是亲子之间的，也可以是同辈之间的。非独生子女家庭中父母不是婴幼儿互动的唯一对象，婴幼儿还可以和同辈进行互动。婴幼儿在家庭中的社会性行为也不仅仅指向父母，更多地会平行地指向自己的同胞兄弟姐妹。在非独生子女家庭中，亲子关系不仅要调整父母和婴幼儿之间的关系，还有相当的一部分需要指向婴幼儿与兄弟姐妹之间的同胞关系。

二、非独生子女家庭婴幼儿家庭教养的优势

（一）有助于婴幼儿社会性发展

非独生子女家庭中，兄弟姐妹的出现填补了同辈群体的交往空白，有利于培养孩子的群体交往的兴趣和能力，促进心理健康发展。家庭结构对婴幼儿人际交往能力的影响较为明显。兄弟姐妹是婴幼儿接触的第一个同辈群体，兄弟姐妹关系是婴幼儿保持最长久的关系，伴随婴幼儿一生。研究表明，二孩家庭婴幼儿的人际交往能力显著优于一孩家庭的婴幼儿[①]。在与兄弟姐妹相处中发展出协商、合作、竞争、相互支持以及后来的朋友依恋模式，从这种关系中锻炼出来的人际交往技能会影响到后来的学习和工作生涯。因此，兄弟姐妹友好的关系对每一个婴幼儿的成长都很有帮助。此外，父母之间发生争执或情感危机时，他们会不经意地冷落婴幼儿，这时候兄弟姐妹之间的相互照顾和情感上的相互依托可以最大限度地减少父母不和对婴幼儿成长造成的负面影响。

（二）有助于培养婴幼儿的良好品质

非独生子女更易形成关爱他人、负责任的品质。在独生子女的家庭中，父母总是在照顾婴幼儿，婴幼儿从小到大没有太多照顾别人的经验。而在非独生子女家庭中，有了兄弟姐妹，婴幼儿有了榜样，同时也有了作为哥哥姐姐照顾弟弟妹妹的意识，有益于婴幼儿形成关爱他人和富有责任感的品质。

非独生子女易形成节俭、珍惜的品质。在非独生子女家庭中，父母分配给每个子女的资源相对就会减少，婴幼儿得到食物、衣服和玩具时就会更珍惜，生活资源也不易被浪费。尤其幼儿在小时候成长很快，一些衣物、用具、玩具在多个子女间使用，节约了资源，提高了使用率。在实际生活中培养婴幼儿懂得节俭和珍惜，会比理论上的说教更有效，更容易教会婴幼儿怀有一颗感恩的心，懂得珍惜身边的人、事物、资源。

三、非独生子女家庭婴幼儿家庭教养易出现的问题

（一）教育资源分散不均

非独生子女家庭和独生子女家庭相比，教育资源的分配相对分散。父母需要将物质

---

① 朱文婷，张明珠，洪秀敏．一孩家庭与二孩家庭幼儿人际交往能力的差异分析：基于倾向值匹配模型估计[J]．中国临床心理学杂志，2020，28（4）：793-798．

资源在多个子女间进行分配，导致分配在每个子女身上的物质和金钱相对减少。同时，父母对于每个子女的注意力和关爱，以及在他们身上所花的时间也需要进行分配。父母在多个子女间的教育资源的分配通常也是不均等的，会根据婴幼儿的出生次序、性别和身体心理状况而有所倾向。比如，在农村的非独生子女家庭，男孩要比女孩得到父母更多的物质投入和精神关怀，而这种做法对于非独生子女家庭中的女孩来说极易造成不好的影响。

（二）父母差别对待子女

差别对待指的是父母在情感、投入或者管教等方面更多地指向某个孩子，而更少地指向其他孩子的方式。在非独生子女家庭中，有的父母不能公正对待所有孩子，表现出对某一孩子的“偏爱”。这种“偏爱”可能不是主观上的，而是由于父母的时间、精力、物质资源有限等引起的客观上难以平等对待。但无论偏向谁，都会对其他孩子产生负面的心理影响，增加同胞关系以及亲子关系的双重矛盾，带来情感危机。

拓展知识

父母差别对待对子女的影响

在儿童的不同年龄阶段，父母的差别对待都会引起同胞间的嫉妒行为和冲突。例如，在第二胎处在婴儿期时，父母对处在儿童期的第一胎儿童做出忽视行为，将更多的注意力转向第二胎婴儿时，被忽视的第一胎儿童表现出更高的嫉妒情绪，并且这种嫉妒情绪会对随后同胞关系的建立产生负面的影响（Kolak & Volling，2011）。同样，当同胞都处在儿童期时，父母的养育差别对待会导致儿童出现诸多的行为问题（Jeannin & Van Leeuwen，2015）。

当第二胎处在婴儿期时，父母势必将时间和精力更多地投向第二胎而忽视第一胎，这容易引发第一胎儿童做出一系列的消极反应，其中包括嫉妒、抵触、敌意等。相应地，父母又不得不在遇到这些情况时做出心理反应。例如，母亲由于感知到自己与第一胎的亲子关系强度下降，从而觉得失去了某些重要的、有价值的东西，而会产生强烈的内疚和伤感。实际上这些消极的感受反而阻碍父母有效地处理第一胎出现的行为变化，有学者将其称作为“二孩综合征”（Second Child Syndrome）（Young，Boyle & Colletti，1983）。

资料来源：陈斌斌，施泽艺. 二胎家庭的父母养育[J]. 心理科学进展，2017，25（7）：1 172-1 181.

（三）子女之间争夺关爱

在非独生子女家庭中，子女渴求父母的关爱与父母的关爱不能只集中在一个子女身上是必然存在的矛盾，而婴幼儿由于其年龄发展的限制并不能理解和接受这种必然性，就会出现“争宠”的现象。争宠现象在两个子女年龄相差不大的非独生子女家庭中最容易出现，他们较为注重自己所受到的待遇是否公正，反感父母的偏心，甚至会有子女为了争宠而出现恶性竞争的状况。

拓展知识

父母该如何协调同胞冲突?

研究发现，在面对同胞冲突时父母解决冲突的方式有三类：第一类是不卷入（例如让孩子自己去解决），使用这种方式的父母往往持一种自主性的价值观念。如果父母使用这种冲突解决方式，那么同胞之间的亲密性相对比较高，但是这与同胞各自的特点是有很大关联性的，这种方式也许对原本就相处比较好的同胞是适用的。第二类是干预（介入并解决问题），使用这种方式的父母往往持一种服从的态度，而这种方式往往会加剧同胞冲突，不利于同胞关系的改善。但也有研究发现，在同胞冲突中，父母干预往往又是最普遍的结束冲突的方式。第三类是指导（给出如何解决问题的建议），这种方式与我们常说的“授人以鱼，不如授人以渔”是类似的。这种方式对于儿童期正在学习新的社会技能的同胞来说比较适用。（McHale，Updegraff，Tucker & Crouter，2000）

父母如何协调同胞之间的关系对二胎家庭中两个子女各自的心理发展以及他们之间的同胞关系都具有深远的影响。当两个子女出现矛盾时，父母的处理方式会进一步影响两个子女之间是否能建立起良好的同胞关系。出现同胞冲突未必是坏事情，它提供了一个情境，让子女能够获得相互理解的能力并且促进其品德的发展。这是因为同胞冲突往往涉及公用物品、私人物品的共享和分配等问题，以及攻击等行为问题。此时，当父母积极参与到同胞冲突的协调中去，例如与两个子女讨论平等、伤害等话题时，能帮助他们逐渐习得道德的标准，增强理解他人的能力（Ross，2014）。另外，父母如果能够在调解同胞冲突的过程中，讨论子女的情绪并对子女过去的错误行为不采取责备的方式，将有利于子女接受父母的建议，并且增加同胞相互之间解决冲突的可能性（Ross & Lazinski，2014）。

资料来源：陈斌斌，施泽艺. 二胎家庭的父母养育 [J]. 心理科学进展，2017，25（7）：1 172-1 181.

（四）子女间互相潜移默化的影响

非独生子女家庭中的婴幼儿有其他同龄人可以互相观察模仿，有利于婴幼儿形成正确的身份认同，还可互相学习和换位思考。婴幼儿更愿意与同龄人交流，许多观念、知识来自同伴而不是父母。如果有兄弟姐妹，那么在大多数情况下，婴幼儿可以和自己的兄弟姐妹交流并得到信息，相互安慰或者劝说也会更有效。在父母教养不恰当或者顾及不到的地方，婴幼儿可以通过相互学习而成长。

四、非独生子女家庭婴幼儿家庭教养的建议

（一）均爱勿偏，尊重子女的个性差异

在日常生活中，所有的子女都渴望父母的关注和关爱，并容易形成情感竞争的局面，处理不好容易影响兄弟姐妹以及和父母之间的关系。中国有注重家庭家教家风建设的传统，家风正则子孙昌。古代教育家颜之推曾在《颜氏家训》中有云："有偏宠者，虽欲厚之，更所以祸之。"因此，在非独生子女家庭教养中，应该做到均爱勿偏，尊重孩子的个性差异。非独生子女家庭的父母一定要具备洞察每个子女内心需求的能力，只有将子女视为独立、完整的个体，认识到每个孩子都需要父母真正意义上的爱和重视，才能在日常生活中游刃有余地处理好子女之间的关系。要平等地对待每个孩子，挖掘每个孩子身上的优点，帮助他们发挥各自的长处。如果过分关注某个孩子，容易使其养成蛮横无理、霸道的性格；如果过分忽视某个孩子，容易使其形成自卑心理。所以，非独生子女家庭的每一位家长都要给每个孩子平等的关注、尊重和爱。①

案例评析

老大怎么了？

在二孩出生初期，父母会将更多时间与精力投入在二孩身上，此时老大的情绪往往会发生变化。比如，不自己吃饭，要妈妈喂；要和弟弟妹妹一样喝奶瓶；特别依赖爸爸妈妈；变得孤僻、不合群；容易因一点小事就无理取闹，变得敏感、爱哭、易怒，甚至对弟弟妹妹大打出手。面对老大的这些变化，父母该如何做呢？

评析：研究发现，很多孩子在弟弟妹妹出生时有一些异于以往的表现，如行为倒退、情绪易怒、交往障碍等，成为二孩出生初期困扰父母的主要问题。父母对子女的异常表现如果及时关注并采取相应措施，努力营造出和谐民主的家庭氛围，可以大大缩短老大的不适应期。家长可以从以下几个方面入手：首先，尊重老大，及早告诉老大父母有生二孩的意愿，听取其意见，带领老大跟有二孩的家庭多接触，让其感受弟弟妹妹带来的乐趣。其次，通过读绘本引导老大了解家庭中成员的组成，认识到弟弟妹妹的到来是自然和正常的事，哥哥姐姐应该有榜样意识，同时多让老大参与劳动，培养家庭责任感。最后，父母要注意自己精力的分配，关注老大的心理状态，让他感到爱和安全感。与此同时，社区、相关组织

① 李文霞，宋晨薇．多孩家庭父母教养方式研究 [J]．牡丹江师范学院学报（社会科学版），2021（6）：82-91.

机构可以为父母提供相应的培训，使整个家庭能够从容应对二孩的到来。

资料来源：邹林．老大怎么了？家庭中老二出生对老大社会性发展的影响及对策分析 [D]．成都：四川师范大学，2015．

（二）科学养育，改善家庭教养方式

研究表明，不同家庭教养方式对同胞关系有显著影响。权威型家庭教养方式对同胞关系有积极影响，专制型家庭教养方式不能深层次促进同胞关系积极发展，纵容型家庭教养方式对同胞关系的危害较大，未参与型家庭教养方式对同胞关系会产生无法弥补的消极影响。[①] 因此，非独生子女家庭的家长应树立正确的家庭教育观念，多采用民主沟通、温情支持、合理控制、有效指导等积极的教养方式，增强在处理同胞关系方面的教育意识，有针对性地进行理性干预，促进子女形成健康的同胞关系。具体来说，应做到以下三点：首先，应重视亲子陪伴的价值与质量，在家庭中多陪伴孩子进行游戏、阅读、锻炼等活动，有助于良好家庭氛围的形成，促进亲子共同进步与成长。其次，要不断地摸索，总结适合不同孩子独特性的有益经验。家长应积极学习科学育儿知识，提高其自身的教育素养，优化教育经验，寻求更加适合孩子的教养方式。最后，由于非独生子女家庭中父母精力有限且生活压力大，需要夫妻双方相互配合，共同参与到孩子的教育中，协商达成一致的教育理念和教养方式，朝着同一个方向和目标教养子女。[②]

（三）建立手足情，发挥榜样作用

非独生子女家庭与独生子女家庭相比，家庭关系更复杂。除了亲子关系，还有多子女之间的关系。多子女之间能否形成和谐的关系很大程度取决于家长怎样去引导。当老二来临的时候，家长应关注老大的心理变化，注意给予关心和爱，不要让老大因缺少关爱而把新生的婴儿当作抢夺父母对自己关爱的“敌对者”。家长还应采取各种方法让子女之间建立爱和依恋，如让他们互相照顾，培养共同的兴趣，共同解决生活问题等，让子女感受到“血浓于水”的手足情。同时，也可以发挥哥哥姐姐的榜样示范作用，促进婴幼儿良好品质的发展。

拓展知识

出生顺序对婴幼儿的影响

19 世纪 80 年代以来，很多心理学家就儿童的出生次序和在家庭中所处的地位对其性格和智力发展的影响进行了许多研究。心理学家阿德勒特别强调出生次序对婴幼儿性格的影响。他认为，出生次序和在家庭中所处的地位影响着儿童的生

① 孙丽华，张安然．不同家庭教养方式下二孩同胞关系的调查研究 [J]．上海教育科研，2018（8）：59-63．
② 李文霞，宋晨薇．多孩家庭父母教养方式研究 [J]．牡丹江师范学院学报（社会科学版），2021（6）：82-91．

活风格，对其性格的形成和发展起着重大作用。

长子原本是家庭的焦点，但在弟弟妹妹出生后自己的地位被动摇，于是他总会发号施令，甚至盛气凌人。幼子在家中永远被看作是婴幼儿，享受着各种各样的呵护，总是希望得到他人的帮助。中间的孩子最为尴尬，尽管他们也雄心勃勃，渴望超越“老大”，但不得不跟着“老大”的影子走；尽管他们也想要父母的关爱，但总不多于“老小”。有研究表明，非独生子女家庭中有“长子优势”现象。高尔顿研究了著名科学家的出生次序，发现长子和独生子女的比例相当高。贝尔蒙特的研究表明，长子在智力测验中所得的成绩比其他幼儿要高。

资料来源：万慧颖. 学前儿童家庭教育 [M]. 南京：东南大学出版社，2016.

同步练习

1. 非独生子女家庭对婴幼儿社会性发展有什么影响？
2. 非独生子女家庭婴幼儿家庭教养存在什么问题？
3. 对于非独生子女家庭婴幼儿家庭教养的建议有哪些？

我的收获

我的问题

解决办法

主题 3　单亲家庭婴幼儿家庭教养指导

单亲家庭是指夫妻双方因离婚、丧偶而仅有一方同未婚子女生活在一起的家庭，也叫缺损家庭。单亲家庭大体可以分为丧偶式单亲家庭、离婚式单亲家庭、未婚式单亲家庭、分居式单亲家庭四种形态。单亲家庭作为一种不完整的家庭形态，容易对婴幼儿的心理产生一定的影响。因此，做好单亲家庭婴幼儿家庭教养指导至关重要。

一、单亲家庭对婴幼儿的消极影响

近几十年来，离婚率的持续上升促成了大量离婚式单亲家庭的出现。单亲家庭带来的社会问题之一，就是单亲家庭子女的成长和教育问题。有研究表明，部分单亲家庭会给婴幼儿成长带来不良影响，主要表现在以下方面。①

（一）身体发育滞后

部分单亲家庭由于家庭经济收入减少，生活条件变差，或新生儿因离开母亲缺少母乳喂养，会使婴幼儿的身体正常发育受到一定的影响。据调查，部分单亲家庭的婴幼儿身体发育情况要比完整家庭的婴幼儿差。

（二）容易产生消极情绪和情感

部分单亲家庭的婴幼儿会经历父母长期的不和，目睹父母之间的争吵及敌对情景，缺乏家庭应有的温馨和关爱等，长大之后容易出现抑郁、自卑、敌意、逆反等心理，产生自卑感、被遗弃感、怨恨感等消极情感。这些消极情感很难随着时间的流逝而减轻、消失。和成人应付离异创伤不同，婴幼儿由于心智尚未发育成熟，对家庭的突变无法预见，在没有心理准备的情况下，很容易将父母的离异归咎于自己，形成严重的心理创伤。

（三）性格不健全

儿童心理研究表明，人的性格初步形成于婴幼儿期。单亲家庭成员残缺不全，在一定程度上会影响孩子的性格。有的单亲家庭的婴幼儿长大之后，可能会不善交际，沉默寡言，很少与别人交流感情，性格内向；有的可能攻击性较强。

另外，家庭的离散造成婴幼儿与父母中的一人生活。如果男孩与母亲生活在一起，由于没有父亲的引导，接触更多的是女性的角色行为，可能更细腻、敏感，但胆识和魄

---

① 杨菊华，何炤华．社会转型过程中家庭的变迁与延续 [J]．人口研究，2014：38（2）：36-51．

力不够，或感性过度而理性薄弱，或用过度补偿来弥补家庭的男性角色；如果女孩与父亲生活在一起，生活中就缺少了母亲的榜样，婴幼儿长大之后可能很独立，有可能变得大大咧咧甚至具有攻击性。随着年龄的增长，他们从家庭走向幼儿园或者学校，家庭的影响逐渐减弱，在其他的教育环境下也会有其他榜样可供其学习，这能在一定程度上弥补了家庭教育上的缺失。

（四）社会适应能力差

有的单亲家庭子女在人际交往和社会适应方面的能力较差。有的单亲家庭存在不和谐的家庭氛围，降低了婴幼儿在家庭和社会中与他人的交往、互助水平。同时，单亲家庭的婴幼儿容易受到其父母不良心态的影响，表现出封闭、嫉妒、孤独、冷漠、厌恶交往、逃避与他人接触等心理倾向。这种失衡的心理会对单亲家庭子女的社会性，尤其是亲子关系、同伴关系等人际关系造成不利影响。

（五）智力发展落后

我国心理学家朱智贤、林崇德、程跃的“智力表型表达等级及其条件”的研究表明：单亲家庭的幼儿的智力发展在一定程度上落后于完整家庭的幼儿，学习成绩从总体上差于完整家庭的幼儿。黛博拉·道森（Deborah Dawson）的研究表明，与家庭稳定的幼儿相比，来自单亲家庭的幼儿更容易受到语言缺陷的困扰。

二、单亲家庭婴幼儿家庭教养易出现的问题

（一）教养职责难履行

单亲家庭的家长，既要当妈妈又要当爸爸，虽然他们也希望给予婴幼儿良好的家庭教养，但工作、家务占用大量的时间和精力，他们承受的压力要比双亲家庭的家长大得多，往往无暇顾及婴幼儿的教养。有一些家长可能会对婴幼儿漠不关心，甚至不愿履行对子女的教育义务和养育义务。

案例评析

单亲家庭的文文

父母离异后，文文跟爸爸一同生活。文文的爸爸平时忙于工作，很少有时间陪他玩。在幼儿园，文文从不和大家一起玩游戏，吃饭时不会和老师说要添饭。老师找文文的爸爸进行沟通。文文爸爸说自己一个人带孩子很辛苦，就算发现了孩子的问题也无从下手，他表示愿意和老师一起来帮助自己的孩子。之后通过老师和文文爸爸的共同努力，文文能够勇敢地自己要求添饭了，外出活动时也愿意和大家一起玩游戏，还会和小伙伴分享自己带来的图书。文文爸爸看到孩子的变化非常开心，对老师表达了自己的感谢之意。

评析：一方面，文文爸爸是单亲家庭的家长，将子女送去幼儿园即是希望给予婴幼儿良好的教育，但工作占用了他大量的时间和精力，其承受的压力要比双亲家庭的家长大得多。另一方面，老师在家园共育中发挥着主导作用，当老师发现文文的问题之后，及时与家长进行沟通，并让家长意识到家长角色对于婴幼儿教育的重要作用。同时发挥家长在教育中的协同作用，家长通过老师学习科学的育儿知识，积极地配合老师的教育，很好地弥补了单亲家庭对婴幼儿带来的负面影响。最后，在家园双方的配合之下，文文的社会性得到了很好的发展，有利于其身心的发展与健康。

（二）教养方法易失之偏颇

在单亲家庭中，婴幼儿容易成为单亲父母寄托情感的唯一对象。有的家长为了弥补婴幼儿失去的父爱或母爱，无原则地迁就、溺爱婴幼儿，什么事都依着婴幼儿，宁愿自己受苦受累，也不让婴幼儿受一点委屈；有的家长把婴幼儿作为自己唯一的精神支柱，往往把自己全部的希望、梦想都寄托在婴幼儿身上；还有的家长将婴幼儿作为出气筒，把对前任配偶的怨恨发泄在婴幼儿身上，使孩子整日生活在惊恐不安之中。这些都会对婴幼儿身心健康造成不良影响。

（三）家长的心态存在差异

单亲家庭中家长的心态是否良好与其能否采取良好的教育方法关系十分密切，家长的心态是乐观自信的还是自卑的，将直接导致子女在品德和行为方面的显著差异。婴幼儿也会受到家长心态的影响，表现出情绪低落、注意力不集中等。

三、单亲家庭婴幼儿家庭教养的建议

对于教育单亲家庭的子女，父母、托育机构和社会都负有不可推卸的责任。为了贯彻落实党的二十大精神以及落实立德树人的根本任务，弘扬“好家教、好家风”的时代精神，培养有理想有本领有担当的时代新人，必须建立三位一体的教育网络，共同促进单亲家庭婴幼儿身心健康发展。

想一想

你认为单亲家庭的家长应如何更好地承担起教养婴幼儿的责任？

（一）加强自我教育，提高家庭教养水平，优化教养环境

有关研究表明，婴幼儿的智力与父母的文化程度、教养能力以及教养方法等因素直接相关，父母的心理素质、文化素质与品德素质对婴幼儿性格的形成有极大影响，因此

提高父母的素质在婴幼儿教养中占有举足轻重的地位。

1. 重建融洽信任的亲子关系

单亲家庭既已形成，父母应当在短期的抑郁、悲痛之后，尽快地调整好自己的心态，勇敢乐观地面对以后的生活，消除自身不良情绪对婴幼儿造成的影响，经常变化生活方式，强化家庭与外界的交往，打破单一、沉闷、压抑的家庭气氛，重建融洽信任的亲子关系。家长要在生活上给予婴幼儿更多的呵护，创造一个和谐的家庭教养环境。应让婴幼儿感觉父母离异后生活得更加开心幸福，自己也更被关心。

2. 注重对婴幼儿的性别角色教养

在家庭教养中，父亲和母亲对婴幼儿的影响是不同的。父亲在独立性、自信心、社交能力、智力发展和设身处地为他人着想等方面对婴幼儿有重大影响；母亲则在抚爱、谦虚、举止规范、认真细致、严于律己等方面对婴幼儿有重大影响。在婴幼儿成长过程中，两个角色都是需要的。因此，单亲家庭的家长要有意识地改变角色，调换位置去亲近婴幼儿。同时家长还应利用亲戚、朋友中的性别资源，给婴幼儿适宜的影响，让其性别角色得到充分的表现和发展，培养健康高尚的人格，以适应社会生活的需要。

3. 培养婴幼儿的独立性

单亲家庭的家长更容易对孩子娇惯溺爱，总觉得对不起孩子，用更多的爱来满足孩子，作为补偿，对孩子关怀备至。在这种环境下成长起来的婴幼儿，容易性格软弱、依赖性强、缺乏主见、独立生活能力差。其后果是，单亲家庭的婴幼儿一旦长大离开家长，便不知道如何去应付生活中的困苦和挫折。因此，家长要为婴幼儿创造一定的独立生活环境，使其今后成为独立生活能力较强的人。

4. 对婴幼儿确立适度的期望值

许多单亲家庭的家长把期望都寄托在孩子身上，将孩子作为唯一的精神支柱，给孩子造成过重的心理压力。单亲家庭的家长应确立对婴幼儿适度的期望值，把生活的希望放在自己身上，由此才能促进婴幼儿健康成长。

拓展知识

单亲家庭的教养原则

针对不同性格和年龄的孩子，单亲家庭可以有不同的态度和具体的教养措施，以下原则是应共同遵循的。

1. 开诚布公原则

在准备离婚阶段如果夫妻立场是一致的和明确的，那么不应对孩子有所隐瞒或保持沉默。任何吞吞吐吐和耳语都会使孩子更加紧张、更加好奇，引起猜疑。在向孩子说明情况时，父母必须考虑到孩子的年龄、个性特点和理解已经形成局面的可能性，向孩子做他们易懂的、简单明了的解释。此外，客观地评价另一方，甚至保护另一方在孩子心中的形象尤为重要，这是对孩子的大爱。父母中抚养孩子的一方要向孩子说明另一方的离开既不是孩子的错，也不是不爱孩子，而是成人之间的问题，使孩子逐步明了自己拥有完整的父母之爱。

2. 理性协商原则

父母应该理性地协商离婚后如何协同对孩子进行教育。父母不应认为自己的婚姻破裂给孩子造成了无法挽回的伤害，进而对孩子采取不理智的宠爱和爱的竞争，而应该更为理性地对孩子施以父母之爱，做到既不剥夺和限制孩子与对方的交往，又不用物质和不合适的方式在孩子面前争宠。

3. 保持联系原则

抚养孩子的一方尽量不要隔断孩子和另一方及其亲戚朋友的联系，保持孩子完整的亲戚和家庭关系，这对孩子形成健康的心理大有裨益。对于单亲家庭中的异性孩子，作为抚养一方的父母要么在现有的家庭中寻找到一位孩子同性的替代角色对孩子进行指导，要么让前任配偶介入孩子的成长指导。

4. 加强指导原则

单亲家庭的孩子可能会担心别人知道自己的家庭情况而嘲笑和歧视自己，这加重了孩子的心理压力，甚至会使其产生恐惧感。父母要密切关注孩子的表现以及心理变化，及时给孩子必要的心理疏导。

资料来源：缪建东．家庭教育学 [M]．北京：高等教育出版社，2015：311-312．

（二）提高托育机构教养的科学性，加强多方协作

1. 建立单亲家庭幼儿档案，记录成长历程

托育机构应创造条件不断给予单亲婴幼儿成功的体验。研究结果表明，每成功一次，当人回忆起往日成功的动作模式时，就可重新获得那种成功的喜悦，从而消除不良情绪，充满信心。因此，教师除了多为单亲家庭的婴幼儿创设获得成功的机会，不失时机地给予肯定，让他们得到成功的喜悦之外，还应为他们建立成功档案，记录其成长的精彩瞬间。

2. 加强爱心教养，塑造良好行为

单亲家庭的婴幼儿更渴望教师的理解，这种理解不但能弥补婴幼儿缺失的爱，而且会使婴幼儿按照教师的期望塑造自己的行为。在教养过程中，托育机构的教师应及时了解、掌握单亲家庭婴幼儿的心理发展状况，运用教育者自身的人格魅力，通过科学的教养方法，来推动婴幼儿人格的发展。同时，教师还要多利用积极的暗示来塑造婴幼儿的良好行为，如：给婴幼儿一个鼓励的手势、一个赞许的微笑、一个温暖的眼神、一句贴心的话语等。

3. 进行挫折教育，建立自信

托育机构的教师可以适当设置各种困难，以增强婴幼儿经受困难的意志。在婴幼儿经受各种困难的考验时，教师要暗中进行跟踪观察，当婴幼儿经过努力克服困难时，教师要及时地进行鼓励和表扬；当婴幼儿遇到困难将要放弃时，教师要暗中帮助其克服困难。教师要注意培养其独立的人格，不要包办太多，婴幼儿能独立完成的事情，尽可能让他们自己去做，教会其面对现实，在解决困难的过程中积累经验、建立自信。

（三）健全社会保障，完善单亲家庭的社会支持体系

1. 重视单亲家庭婴幼儿教养问题

为了贯彻落实党的二十大报告精神，全社会都应当按照《中华人民共和国未成年人保护法》的要求，关心单亲家庭婴幼儿，保证其享有基本的物质生活条件，享有平等的受教育权利，享有不受歧视的人格保障和尊严，要通过舆论的力量和环境氛围为教育单亲家庭婴幼儿创造条件，让全社会各行各业的人都来关心单亲家庭婴幼儿的教养问题，由此进一步促进教育公平。调动社会资源，给予单亲家庭经济物资等方面的帮助，引导这些家庭及其婴幼儿参加集体活动。

2. 发挥社区教育优势

充分利用社区资源为婴幼儿创造良好的外部环境。街道、社区要从各方面加强对单亲家庭的关心。在生活上，可通过社区互助等形式对存在经济困难的单亲家庭给予经济上的帮助；思想上，经常上门家访，了解家长及婴幼儿的思想状态，并及时和托育机构教师取得联系，共同商量、研究、关心、教养好每一个单亲家庭的婴幼儿。

社会、托育机构、家庭都应重视单亲家庭婴幼儿的教养，及时帮助他们克服不良心理，培养具有良好个性和全面发展的人才。

同步练习

1. 单亲家庭对婴幼儿可能会造成哪些消极影响？

2. 单亲家庭婴幼儿的家庭教养容易出现哪些问题？

3. 单亲家庭婴幼儿家庭教养的对策有哪些？除了书中提到的对策，通过查阅资料，你还能想到哪些对策？

我的收获

____

____

____

我的问题

解决办法

主题4　重组家庭婴幼儿家庭教养指导

单亲家庭的父亲或者母亲，寻找另一半结合成一个新家庭，此类家庭称为重组家庭。重组家庭最大的特点是家庭成员关系复杂，而且相对来说，家庭成员也比较敏感。因此，重组家庭中的婴幼儿可能会出现一些心理及行为问题。

一、重组家庭对婴幼儿的消极影响①

在有的重组家庭中，婴幼儿的心理问题有内隐与外显两种表现。“内隐型”的婴幼儿不轻易表现出他们的心理活动，易产生不安全感和自卑感，性格孤僻，缺乏自信心，交往能力欠缺，精神负担重，严重时可能发生自虐行为。“外显型”的婴幼儿则表现为情绪不稳定，经常激动，无故愤怒、烦躁，对家人及周围的一切采取不信任的态度，甚至出现针对他人的攻击性行为。

拓展知识

重组家庭使婴幼儿面临新的挑战

重组家庭的情况比较复杂，有的是离异后的重组，有的是丧偶后的重组；有的一方有孩子，有的双方都有孩子。无论是哪种情况，重组家庭的婴幼儿都面临

① 赵佳．对重组家庭儿童家庭教育问题的探讨[J]．中小学心理教育，2015（1）．

着诸多挑战，如何处理好继父母与继子女之间的关系，使重组家庭成员尽快走上正常的生活轨道，需要每个家庭成员尤其是再婚夫妻付出极大的努力。

组成新家庭之初，家庭成员相处时间较短，相互间的了解不够，以及各自在生活习惯、处事方式等方面不同，需要较长时间的磨合。婴幼儿可能不适应新的家庭生活方式，带来心理上的剧烈变动。

对于重组家庭来说，不论是亲生父母还是继父母，都必须认识到婴幼儿家庭教育的重要性，应该懂得家庭教育的连续性、统一性对婴幼儿成长的重要影响。因此，继父母不仅要在生活上关心和照顾好婴幼儿，而且要特别重视对婴幼儿的教育，尤其是对婴幼儿心理的疏导和安慰，要想办法尽快地让婴幼儿接受自己，使婴幼儿尽快地融入新家庭，只有这样，婴幼儿才能较快地适应新生活，其发展才不会受到过大的影响。

资料来源：曾英. 学前儿童家庭教育 [M]. 上海：上海交通大学出版社，2017：125.

二、重组家庭婴幼儿心理及行为问题的原因

（一）家庭结构的变化

在重组家庭中，婴幼儿的双亲中有一方和自己无血缘关系，这种特殊的家庭结构对婴幼儿的影响不容忽视。可以说，重组家庭之所以会对婴幼儿产生一系列消极影响，其根本原因在于家庭结构的变化导致家庭关系的失调，亲子关系及家庭内部环境发生了很大变化，成为婴幼儿行为问题产生的主要因素。

（二）家庭教养功能与环境的变化

教养婴幼儿是父母共同的责任，但有的重组家庭会出现这样的情况：对婴幼儿的教育往往由该婴幼儿的亲生父亲或母亲担任，这使得婴幼儿受到的教育是不均衡的。由于父亲、母亲这两个角色对婴幼儿的影响不能互相代替，所以重组家庭中存在的不平衡教育会潜移默化地影响婴幼儿的身心健康成长。

（三）家长素质、心态和情绪的变化

有的重组家庭家长的心态会发生变化，容易对婴幼儿的期望值过高，或溺爱婴幼儿，或忽视其成长情况。这些家长心态失衡会对婴幼儿的社会性，尤其是亲子关系、同伴关系等社会性行为发展造成不良影响。

想一想

重组家庭婴幼儿心理及行为问题产生的原因有哪些？

三、重组家庭婴幼儿家庭教养的建议

想一想

如何避免重组家庭的婴幼儿出现心理及行为问题？应如何进行正确地教养？

（一）重视情感沟通，让婴幼儿感受到“无分别的爱”

与普通家庭相比，重组家庭的婴幼儿经历了父母婚姻的解体、陌生人的闯入，经历了一定程度的心灵创伤，体验着“爱的缺失”。在现实中，一些继父母对婴幼儿的感情投入不足，与婴幼儿之间缺少良好的感情交流。因此，家长应帮助婴幼儿正视现实，本着对婴幼儿成长负责的态度，依照宽严适度的原则来对待婴幼儿，让婴幼儿感受到“无分别的爱”，让婴幼儿感受到“我们是其乐融融的一家人”，切不可只满足婴幼儿的物质需求而忽视情感沟通。

案例评析

一个孩子自述：“爸爸给我找了一个后妈，后妈有个女儿。爸爸工作很忙，很晚才能回家。后妈和姐姐陪我的时间多。每次，后妈不开心的时候，我总会挥挥手或者微笑逗她开心，可后妈常常不理我，沉着脸叫我走开，但是，后妈生的姐姐去逗她开心的时候，她总会好好地跟她说：‘没什么。’我悄悄地流下了泪水……”

评析：该案例中的婴幼儿积极地尝试使用自己的方式融入新的家庭，但继母区别对待继女和自己的亲生女儿，对继女的感情投入严重不足，与婴幼儿之间缺少良好的感情交流。案例中的继母应本着对婴幼儿成长负责的态度，让婴幼儿感受到“无分别的爱”，让婴幼儿真切地感受到“我们是一家人”。当婴幼儿主动发起交往，主动关心继母的时候，这是继母与婴幼儿交流的最好机会，有利于增进继母与婴幼儿之间的情感。

资料来源：郑益乐．学前儿童家庭教育 [M]．西安：西安交通大学出版社，2016：175-176.

（二）尊重信任婴幼儿，客观公平地对待

尊重是教养过程中的最高原则，没有尊重就不可能实现真正的教育。父母应与婴幼儿沟通交流，多听婴幼儿的意见，尊重婴幼儿的权利，让婴幼儿有发表意见和参与决定的机会，留给婴幼儿认可和接纳新家庭的时间，避免婴幼儿将家庭解体的怨恨转嫁到继父母身上。

有的重组家庭中夫妻双方会各带一个子女，组成四口之家，这样的家庭在处理子女

教育问题上更为复杂，常表现为三种情况：第一种情况是继父（母）对继子女与亲生子女不能一视同仁，过分偏袒亲生子女，这种教育方式往往会引起继子女的敌视心理，酿成家庭冲突。第二种情况是继父母与继子女相敬如宾，父母双方各自管自己的亲生子女，以避免不必要的冲突，这种教养方式加重了继父母与继子女在情感上的疏离，最终导致家庭矛盾。第三种情况是继父母对继子女视如己出，公平对待所有子女。只有第三种教养方式才能树立父母在婴幼儿心中的威信，强化教养效果，并获得婴幼儿的尊重和信任。

（三）改进教养方法，提升教育质量

重组家庭应和睦融洽，继父母应对继子女视如己出。因此，重组家庭的家长在对待婴幼儿时，在日常生活中关注婴幼儿的所思所想，在沟通与关爱中增进感情，多鼓励，多赞赏，对婴幼儿的每一次进步都及时表扬。同时，家长有责任帮助婴幼儿对家庭重组有一个正确的认识，让婴幼儿明白父母婚姻状况的变化不会改变父母对孩子的爱。

（四）形成教养合力，齐心协力教养婴幼儿

父母应注意采取正确的引导方法，形成家庭教养合力，步调一致地对婴幼儿进行教养。如果家长对待婴幼儿的态度不一致，他们就会无所适从，教养的效果自然就会受到削弱或抵消。长期下去，婴幼儿就会在不同的家长面前表现出不同的行为，这种不良习惯一旦养成，将不利于婴幼儿的身心发展。因此，需要家庭成员达成一致后，应对婴幼儿明确地表达某些要求，如制定一些不可逾越的界限以及必须遵守的规则，并尽可能地去发挥这些规则对婴幼儿的教导和约束作用。同时，家长要严格自律，在感情上多亲近婴幼儿，在思想上多开导婴幼儿，特别是在人格上要平等对待婴幼儿，只有这样才能赢得婴幼儿的尊重和信赖。

（五）关注婴幼儿的同伴环境

婴幼儿融入新家庭需要时间，一般来说对继父母的认识会经历这样一个过程：观察—理解—信任—尊重。在这个过程中，尤其是在观察期，婴幼儿与家庭成员的互动不是非常频繁，他们可能更愿意和同伴待在一起，因此家长要注意到婴幼儿的这些细微变化。一方面要了解婴幼儿的心理过程，循循善诱；另一方面要关注婴幼儿的同伴环境，通过同伴给予婴幼儿积极正面的影响，从而在家庭和婴幼儿的社会环境中形成一致的教养影响。

拓展知识

重组家庭的教养原则

1. 要求一致原则

离婚的夫妻在教养婴幼儿的问题上需要有足够的适应能力或者充分的弹性，无论离婚后彼此有没有重组新的家庭，都能对婴幼儿保持良好的教养和影响。继

父母要对家中的子女一视同仁，尽管绝对公平很难做到，但是营造不偏爱、平等的家庭氛围确实是重组家庭顺利过渡和发展过程中应该注意的。

2. 理性施爱原则

重组家庭中的继父母应该对继子女有饱满的爱和热情，这有助于良好的继亲子关系的建立。在新的家庭中，父母应时刻注意孩子对不同的家庭文化的适应情况，增进其适应力以及进行必要的心理疏导。

3. 严格要求原则

继父母对继子女的爱要注意控制在一定的尺度内，不能用溺爱来换取继子女的爱和依恋，要大胆地对继子女进行必要的教育，使继子女能从内心深处尊敬并爱上继父母。

资料来源：缪建东．高等教育学 [M]．北京：高等教育出版社，2009：310.

同步练习

1. 重组家庭婴幼儿可能会产生哪些心理及行为问题？

2. 重组家庭婴幼儿心理及行为问题产生的原因有哪些？

3. 重组家庭婴幼儿家庭教养的对策有哪些？除了书中提到的对策，通过查阅资料，你还能想到哪些对策？

我的收获

我的问题

解决办法

模拟测试

一、选择题

1.（　　）婴幼儿享有家庭集中的教育资源。

A. 重组家庭　B. 单亲家庭　C. 独生子女家庭　D. 非独生子女家庭

2.（　　）婴幼儿与兄弟姐妹相处的经验能为将来走上社会的人际交往奠定基础。

A. 重组家庭　B. 单亲家庭　C. 独生子女家庭　D. 非独生子女家庭

3.（　　）是指夫妻双方因离婚、丧偶而仅有一方同未婚子女生活在一起的家庭，也叫缺损家庭。

A. 重组家庭　B. 单亲家庭　C. 独生子女家庭　D. 非独生子女家庭

4. 单亲家庭的父亲或者母亲，寻找另一半结合成一个新家庭，此类家庭称为（　　）。

A. 重组家庭　B. 单亲家庭　C. 独生子女家庭　D. 非独生子女家庭

5. 以下不属于单亲家庭婴幼儿教养原则的是（　　）。

A. 开诚布公原则　B. 理性协商原则　C. 加强指导原则　D. 互不干涉原则

二、多选题

1. 下列选项中，属于重组家庭婴幼儿心理及行为问题的教育对策的是（　　）。

A. 重视情感沟通，让婴幼儿感受到“无分别的爱”

B. 尊重信任婴幼儿，客观公平地对待婴幼儿

C. 改进教育方法，提升教育质量

D. 形成教育合力，齐心协力教育婴幼儿

2. 单亲家庭的家长加强自我教育，提高家庭教育水平，优化家教环境的方法有（　　）。

A. 重建融洽信任的亲子关系

B. 注重对婴幼儿的性别角色教育

C. 培养婴幼儿的独立性

D. 对婴幼儿确立适度的期望

3. 非独生子女婴幼儿家庭教养中存在的问题有（　　）。

A. 教育资源分散不均　B. 父母差别对待子女

C. 子女之间争夺关爱　D. 忽视孩子个性差异

4. 独生子女家庭婴幼儿家庭教养的建议有（　　）。

A. 适当放手，培养独立性

B. 弱化独生子女的中心性

C. 保持一致的教养方式

D. 创造人际交往的机会

三、简答题

1. 简述独生子女家庭婴幼儿教养存在的问题。
2. 简述单亲家庭对婴幼儿可能会造成的消极影响。
3. 简述重组家庭婴幼儿可能会产生的心理及行为问题。

四、案例分析题

访谈者：自己当了大姐姐，是不是很开心？如果不开心，是什么原因？

幼儿：不开心。有时和妹妹吵架了，爸爸妈妈总会训斥我，说我是老大，应该让着妹妹，我觉得很委屈。为什么妹妹可以仗着自己比我小，就得到全家人的爱？家里人都只爱她，不爱我，所以我并不会因为自己是姐姐而感到开心。

请结合上述案例，分析非独生子女家庭婴幼儿教养存在的问题及其对策。

项目6 0～3岁特殊儿童家庭教养指导

学习目标

知识目标

了解特殊儿童的特征及家庭教养内容与指导策略。

能力目标

掌握孤独症儿童和智力障碍儿童的家庭教养内容及指导策略。

素养目标

用科学的眼光看待特殊儿童，培养专业精神，运用所学知识给不同的特殊儿童家庭教养给予针对性的指导。

思维导图

- 项目6 0～3岁特殊儿童家庭教养指导
  - 主题1 0～3岁特殊儿童家庭教养概述
    - 特殊儿童的概念界定
    - 0～3岁特殊儿童家庭教养的意义与任务
    - 0～3岁特殊儿童家庭教养存在的问题
  - 主题2 0～3岁特殊儿童家庭教养的内容及指导策略
    - 0～3岁孤独症儿童家庭教养指导
    - 0～3岁智力障碍儿童家庭教养指导

情境导入

我的孩子怎么什么都不会?

有家长到康复机构咨询，说："我的孩子现在已经2岁半了，但是还不会说话，也不会自己用勺子吃饭，跟他说话他好像听不见一样，都不理人。想上厕所的时候不会提出来，就直接在裤子上解大小便。我带孩子到医院检查，医生说我的孩子疑似孤独症，推荐我带孩子来这里看看，我不知道该怎么办。"

点评：孤独症也称自闭症，是神经系统广泛性发育障碍的代表性疾病，主要特征是社交和沟通障碍、语言发育迟滞、行为重复刻板以及活动兴趣范围的显著局限性，一般在3岁以前就会表现出来。孤独症患儿"有视力却不愿和你对视，有语言却很难和你交流，有听力却总是充耳不闻，有行为却总与你的愿望相违……"。人们无从解释，只好把他们叫作"星星的孩子"，而且孤独症的核心障碍会伴随终生，所以家长是患儿永远的代言人和监护者，对于家庭教养来说是一个巨大的挑战。

热身思考

1. 什么是特殊儿童?
2. 特殊儿童有什么特点?
3. 0～3岁特殊儿童家庭教养的内容有哪些?

任务探索

不管是普通儿童的家庭教养还是特殊儿童的家庭教养，目的是一样的，都是更好地促进儿童身心的全面发展。但是对于特殊儿童来说因为存在不同程度的智力水平障碍，除了学习能力，社会适应能力也存在不同程度的缺陷。特殊儿童最终都要回归到主流社会中。家庭教养作为0～3岁特殊儿童康复教育主体之一，有责任也有义务为特殊儿童培养各方面的能力，确保特殊儿童更好地回归主流社会。请你查阅资料，完成表6-1。

表6-1 特殊儿童家庭教养内容与指导

特殊儿童障碍类别	发展特点	家庭教养的内容及指导
孤独症		
智力障碍		

主题 1　0 ～ 3 岁特殊儿童家庭教养概述

一、特殊儿童的概念界定

1983 年，美国特殊教育专家柯克认为，特殊儿童是指在心智特质、感觉能力、神经动作或生理特质、社会行为和沟通能力方面，偏离一般或常态的儿童，或指具有多重障碍的儿童。对于这类儿童，要靠学校教育调整，或通过特殊教育服务，才可以发展其最大潜能。这个定义强调了特殊儿童在生理、心理和行为方面具有偏离常态的特征。

2004 年，我国特殊教育专家陈云英提出，“理论上，我们应该承认每一个儿童都是特殊的，因为每个儿童都有自己的个性与需要。在实践时，为了专注于照顾少数儿童，就必须对特殊儿童有一个较狭义的定义，以便缩小范围。所以，特殊儿童一般是指有特殊教育需要的儿童，国际上泛指一切需要特殊教育的儿童，在我国则指的是残疾儿童”。

我国相关法律法规中多称这些儿童为“残疾儿童”。如《中华人民共和国残疾人保障法》中所指残疾儿童包括视力残疾、听力残疾、言语残疾、肢体残疾、智力残疾、精神残疾、多重残疾和其他残疾的人。2022 年国务院办公厅转发的教育部等部门《“十四五”特殊教育发展提升行动计划》中以及医疗卫生部门等也多称“残疾儿童”。

从教育康复的对象来看，我们认为特殊儿童即有各种功能障碍及发展迟缓而产生多种康复需求的儿童，简言之为“残障儿童”，涵盖残疾儿童和发展迟缓儿童。

2011 年 5 月 1 日正式实施的国家标准《残疾人残疾分类和分级》（GB/T 26341-2010）中将残疾人“按不同残疾分为视力残疾、听力残疾、言语残疾、肢体残疾、智力残疾、精神残疾和多重残疾”，指出残疾人是“在精神、生理、人体结构上，某种组织、功能丧失或障碍，全部或部分丧失从事某种活动能力的人”。

发展迟缓是发展异常或预期可能有发展迟缓的总称，通常是指未满 6 周岁的儿童在器官功能、感官知觉、动作平衡、语言沟通、认知学习、情绪心理等发展上有一种、数种乃至全面的发展速度落后或发展质量上的异常。常见的发展迟缓包括动作发展迟缓、语言沟通发展迟缓、认知发展迟缓、社会适应发展迟缓、情绪心理发展迟缓、全面性发展迟缓等。

囿于篇幅及 0 ～ 3 岁特殊儿童的家庭教养范畴，本项目的讨论主要以孤独症谱系障碍、智力障碍儿童为例，探讨 0 ～ 3 岁特殊儿童家庭教养指导。

二、0 ～ 3 岁特殊儿童家庭教养的意义与任务

父母是孩子的第一任老师。如果父母在日常生活中能根据特殊儿童的生理、心理特

点，对特殊儿童实施适宜的家庭教养，进行有针对性的教育与培养，能更好地满足不同障碍类型的特殊儿童的发展需要，可以在一定程度上促进儿童的发展，有助于其正常地生活和学习。

《"十四五"特殊教育发展提升行动计划》中提出，要"积极探索科学适宜的孤独症儿童培养方式，研究制定孤独症儿童教育指南，逐步建立助教陪读制度，为孤独症儿童更好融入普通学校学习生活提供支持"。党的二十大报告提出，要强化特殊教育普惠发展。为更好地指导家长科学地教养特殊儿童，帮助他们更好地回归主流社会，0～3岁特殊儿童家庭教养重点需要完成健康教育、生存教育、智力教育和社会交往能力教育等方面的任务。

案例评析

我什么都不会教，我的孩子就靠康复机构的老师了

在康复机构外，几个家长在闲聊，其中一个家长说："我们的康复老师都接受过专业的学习和培训，我的孩子在康复机构学得可认真了，学得也快。我什么都不会，回家教孩子，孩子也不听，我孩子的康复就靠他们了。"

评析：在0～3岁特殊儿童的成长中不仅需要康复机构的教育，家庭教养也是必不可少的。教育除了指学校教育外，还包括家庭教养。此外，家庭教养是一种特有的教育形式，也是培养人的一种社会活动，其目的就是促进儿童的成长发展。它与学校教育、社会教育有共同的发展规律。家庭教养和其他社会机构的教育有很多不同之处，主要表现在以下三点：一是启蒙性，早期的家庭教养会影响儿童智力和性格，并会影响儿童之后的发展；二是随机性，家庭教养寓于日常生活之中，教育的意图、内容、方法等均蕴含于具体的生活事例中；三是伦常性，在家庭中父母和孩子的亲密关系是无法分割的，因此在家庭教养中可以以此为依托来开展家庭教养。以上三个点都体现了家庭教养的不可替代性。

资料来源：江琴娣. 特殊儿童家庭教养 [M]. 上海：华东师范大学出版社，2015.

三、0～3岁特殊儿童家庭教养存在的问题

虽然关于特殊儿童家庭教养的研究越来越多，社会对于特殊儿童家庭教养也越来越重视，但特殊儿童家庭教养由于各方面的原因仍然存在许多问题。

（一）教育观念落后

1. 有些家长片面认为孩子的教育康复仅是康复机构的事

0～3岁是特殊儿童康复的关键期，对特殊儿童进行有效的康复教育将获得事半功倍的效果。有些家长认为自己只需要保证孩子吃饱穿暖，而把教育孩子的所有

责任都推到康复机构。这种想法是完全错误的，严重忽视了特殊儿童家庭教养的重要性。

想一想

0～3 岁特殊儿童在康复机构接受的教育能不能代替家庭教养？

2. 有些家长认为孩子本身存在缺陷，应依附于家长

有的家长把孩子遇到的困难都归因于孩子自身的缺陷，从而过分强调孩子对家长的依附，不能正确地认识 0～3 岁特殊儿童的身心发展规律和特点，更难以给予孩子应有的教育和指导。过分强调儿童自身存在的缺陷，不但不能帮助孩子成长，反而会影响孩子生活自理能力的养成。

（二）缺乏耐心与信心

特殊儿童身心发展的特点决定了其康复教育是一个缓慢、艰巨而又长期的过程。例如，一个智力障碍的儿童从接受康复训练到有相应的反馈可能要经过一两个月，甚至更长的时间。可能家长已经付出了很多努力，但效果却不能迅速表现出来。由于家长在心理上不自信，在认识上不能正确了解特殊儿童的发展规律，再加上康复心切，想通过训练使孩子立即获得应有的能力，当这一切都来得太迟时，家长就会对自己的努力产生怀疑，对孩子康复的可能性加以否定，对孩子失去耐心和信心。

（三）过分溺爱

过分溺爱会导致孩子不能接受良好的家庭教养。被过分溺爱的孩子缺乏独立能力、娇气、自主意识差，任何事都依赖父母。过分溺爱还会使孩子缺乏承受挫折的能力，这不利于孩子的健康成长与成才。有的家长因强烈的内疚、负罪感而对特殊儿童的爱发生偏差，不能理智地关爱特殊孩子，而是溺爱，甚至是放任。

案例评析

我只想尽量满足我的孩子

有些特殊儿童的家长觉得，孩子残疾都是自己的错，因此有强烈的愧疚感。在家庭教养过程中，孩子一哭，家长就难受和心疼，觉得“我的孩子已经糟了那么多罪了，我不想对他太苛刻了，我只想他快乐，我只想尽量满足他的要求”。

评析：“父母之爱子，则为之计深远。”过分的放任和溺爱孩子不利于特殊儿童的健康成长。在 0～3 岁特殊儿童的成长过程中，家长不仅要关注孩子的需求，还需要从智力功能、适应行为功能、健康功能等几个方面对特殊儿童进行教育。其中，智力功能的教育是基础。适应行为功能的教育康复非常重要，因为适应性行为障碍是智力障碍儿童最为严重的障碍之一，也是他们最迫切需要进行家庭教养康复的领域。健康功能教育既关系到智力障碍儿童生活质量的提升，又能起到协调其他各方面功能发展的作用。

同步练习

1. 特殊儿童的含义是什么？
2. 0～3 岁特殊儿童家庭教养的意义与任务是什么？
3. 0～3 岁特殊儿童家庭教养存在的问题有哪些？

我的收获

我的问题

解决办法

主题2 0～3岁特殊儿童家庭教养的内容及指导策略

一、0～3岁孤独症儿童家庭教养指导

（一）孤独症的概念界定

孤独症，也称自闭症，是一种神经系统广泛性发育障碍，主要特征为社会交往障碍、狭隘兴趣和重复刻板行为，起病于3岁前，多见于男孩，男女发病率为4∶1～6∶1。美国《精神疾病诊断与统计手册（第五版）》将广泛性发育障碍改为孤独症谱系障碍（autism spectrum disorders，简称ASD），将孤独症、阿斯伯格综合征、童年瓦解性精神障碍以及未分类的广泛性发育障碍统称为孤独症谱系障碍，不再做细分，把雷特（Rett）综合征从孤独症谱系中去除。

关于孤独症的名称较多，目前尚未统一。我国卫生、教育、残联等政府或相关社会团体一般称孤独症，国际上有统称为ASD的趋势。

（二）孤独症的成因

学界对孤独症的成因尚没有定论。长期以来，人们都以为父母对孩子的冷漠和缺乏关心是造成儿童形成自闭倾向的主要原因。但遗传学和神经生理学的研究推翻了这种心因论看法。目前，研究者比较倾向于认为孤独症的形成与儿童的中枢神经系统受到损坏有关。孤独症儿童异常的脑区有：前庭中枢、小脑及边缘系统颞叶、额叶、杏仁核、网状结构组织等。前庭中枢损伤可能导致孤独症儿童感觉失调和行为怪异。小脑异常可能导致感觉变异，如对声音过敏或不敏感。颞叶受损与孤独症儿童的社会性行为缺陷有关，可能导致孤独症儿童肢体语言贫乏、缺乏眼神接触、刻板性行为、表情贫乏等。额叶功能异常与孤独症儿童缺乏执行功能障碍有关，即额叶受损使得孤独症儿童无法进行计划、执行、行动控制、抑制具有优势却不相干的反应、有计划搜索、弹性思考等。杏仁核受损则与孤独症儿童的面部表情识别有关。大量的研究发现，杏仁核受损将直接导致孤独症儿童无法从人的眼神中获取社会性及情绪的信息，从而无法识别他人的意图和情绪状态，完成社会交往行为。

（三）孤独症儿童的特点

孤独症的核心特征即社会交往障碍、兴趣狭窄和重复刻板行为。此外，言语和非言语交流障碍被认为是核心障碍导致的结果，是孤独症的重要表现。孤独症个体表现差异较大，与其程度有重要关联。

1. 社会交往障碍

孤独症儿童在社会交往方面存在质的缺陷，回避目光接触，缺乏依恋感，难以建立伙伴关系。孤独症儿童更加喜欢独自玩耍，而不喜欢与同伴共同进行游戏，即缺乏与他人主动交往的动机和能力。他们不愿意参与他人的活动或谈话，对他人的提议和想法置之不理，不闻不问，表现出漠不关心、冷漠。他们也无法与同伴分享自己的兴趣和成就。经常可以看到，即使孤独症儿童想参与同伴的游戏或是谈话，他们往往也会采取不恰当的方式。比如他们可能会用暴力的形式将同伴的玩具抢过来，而不会有礼貌地询问同伴是否愿意；他们也可能会去推搡同伴，表达自己喜欢和这个同伴交朋友。因此，孤独症儿童往往无法理解他人的关爱，也无法关爱他人，缺乏朋友，无法与同伴建立起持久的友谊。

2. 兴趣狭窄和重复刻板行为

有些孤独症儿童非常迷恋数字、交通工具、日历等，每个孤独症儿童所感兴趣的物品各不相同。一些孤独症儿童可能喜欢转圈、旋转玩具，或将物品按照某一种颜色分类堆叠等。有的孤独症儿童非常固执，注意细节，有重复蹦跳、将手放在眼前凝视、用脚尖走路等表现。例如，一名孤独症儿童一定要把他身后的每一扇门都关上，也喜欢关上他离开的每个房间的电灯，即使房间内还有人在；另一名孤独症儿童在穿衣服时一定要先穿袜子，并坚持上午 7：35 出门等。

3. 言语和非言语交流障碍

孤独症儿童缺乏肢体语言和面部表情，言语运用和理解能力受损，难以维持或发起话题等。有些孤独症儿童无法觉察到他人面部表情的细微变化。例如，孤独症儿童玩垃圾桶里的垃圾，妈妈生气地看着他，但孤独症儿童熟视无睹，继续玩弄垃圾，甚至还对着妈妈微笑。有些孤独症儿童在别人和他对话交流时会重复对方的话，如对方问："去海边玩得开心吗？"孤独症儿童会回："玩得开心吗？"有些孤独症儿童虽然能够理解语言，但他们中有的没有主动发起语言交流的能力；有的没有维持语言交谈的能力；有的不能按场景变化来转换话题；有的只有需求性语言而缺乏描述性语言；有的不能正确使用词汇和合理组织语言。还有一些孤独症儿童无法理解语言，只有仿说能力。也有的孤独症儿童在发音方面存在障碍，没有语言能力。

4. 感知觉常见异常

有些孤独症儿童感知觉过于敏感，如听到音响中发出的声音会捂住耳朵；有些孤独症儿童感知觉过于迟钝，如手受伤流血也不觉得疼，感知不到危险。

5. 普遍存在"共病"

约 3/4 的孤独症儿童精神发育迟滞，1/4 ～ 1/3 的患儿合并癫痫，30% ～ 70% 的患儿智力低于正常儿童，其感觉统合失调、胃肠道问题、睡眠障碍、饮食问题等也多于普通儿童。

6. 智力孤岛现象

部分患儿在智力低下的同时可出现“孤独症才能”，如在绘画、音乐、计算、推算日期、机械记忆和背诵等方面表现超常，但生活能力和交往能力很差。

（四）0～3岁孤独症儿童家庭教养的内容及指导策略

1. 培养与促进社会交往能力

社会交往能力的培养与促进主要通过游戏的形式，围绕注意力、面部表情识别、基本社交礼仪等内容展开。因为游戏是人类学习最自然的形式，也是儿童生活的主要内容。在游戏中，孤独症儿童可以学习重要的社交技巧，还可以在游戏的过程中增加认知，如颜色、形状、数字等。同时，游戏也可以让他们获得自信，建立与同龄孩子的人际关系。体育活动和游戏还可以增强孤独症儿童的体格发展。

孤独症儿童要参与同龄儿童的游戏，首先要学习一些基本的游戏技巧。家长可以仔细观察同龄儿童经常玩耍的游戏，将游戏的基本动作分解后教会孩子。在孩子掌握了基本游戏技能后，先由家长同孩子一起游戏，使孩子熟悉游戏规则，然后引入其他同龄儿童一起游戏。在引导孤独症儿童参与同龄儿童的游戏过程中，家长要注意以下方面：

（1）选择的游戏要适合孩子的能力。如果孩子能力较弱，可以引入一些难度相对较低的游戏。一定要针对孩子自身的能力来选择游戏，否则，不仅不会使孩子在游戏中得到快乐，还会适得其反，导致他们更加远离游戏和群体。

（2）让孩子真正体验到游戏的快乐。在游戏过程中不能将认知作为主要的学习内容，以免引起孩子的反感。要让孩子真正体验到游戏的快乐。

（3）引入同龄儿童参与游戏。家长可以根据孩子的能力自己创造一些游戏，这样可能更适合自己的孩子，但要注意不断引入同龄儿童一起参加。

（4）在游戏中组织教学。在引入同龄儿童一起玩耍的过程中，引导孩子学习在集体游戏中应该完成的项目，如教他们如何邀请同伴、等待、轮流、合作及正确对待输赢等。

对于有难度的游戏项目，家长要提前给予孩子指导，帮助孩子学习游戏活动中的关键动作和游戏规则。通过提前练习提高孩子在某一方面的能力，提高孩子的自信，为孩子即将进入幼儿园能适应集体环境打下良好的基础，增加孩子在幼儿园活动中的成功率。

2. 减少情绪行为问题

增加孤独症儿童休闲娱乐技能，减少情绪行为问题，这部分内容主要围绕情绪管理与控制、问题行为分析与改变、刻板行为的改变、兴趣范围拓展和恰当行为建立等内容展开。

在0～3岁这个阶段，除了吃饭、睡觉和完成成人要求他们做的事情之外，孤独症儿童还有大量的时间，他们能做些什么呢？由于孤独症儿童没有能力掌握普通儿童所具有的游戏技能，因此他们不能正确地玩玩具，对同龄儿童及他们所做的游戏也不感兴趣。于是，在大部分的时间里，他们沉迷于自己所感兴趣的事物里，有相当一部分孤独症儿童用常人不能理解的自我刺激行为来填充他们大部分的空余时间，还有一部分孤独症儿童的行为影响并妨碍了家人及其他人的正常生活。

增加孤独症儿童休闲娱乐技能，不仅可以有效地提高儿童的生活质量，也可以很大程度地减少他们对家庭以及社会的干扰，使得孤独症儿童在空闲的时间里有事可做，这对减少他们的不当行为也是极其有效的。如果运用得好，不仅可以增加孤独症儿童的休闲技能，而且还可以相应提高其他方面的能力，改善情绪问题，增强他们与他人合作和互动的能力。在增加孤独症儿童休闲娱乐技能的过程中，家长应注意以下几个方面：

（1）扩大孤独症儿童的活动范围，学习各种基本技能。也就是说，在日常生活中，尽可能多地让孤独症儿童参与同龄儿童的各种游戏活动，创造各种场景使他们接触到普通儿童所学习的技能，从中找到他们的兴趣点或擅长的内容。

（2）符合儿童的心理年龄。每一项技能都要从最简单的做起，而且要符合儿童的心理年龄，不可拔高。

（3）家长要保持良好的心态，使孤独症儿童在学习过程中心情愉快。由于孤独症儿童对不感兴趣的学习项目没有很好的注意力和合作能力，因此家长在家庭教养过程中不要对孩子的期望过高，教学的时间也不宜过长，时长以儿童能维持的最短学习时间为宜，在教学中要保证儿童的成功率，减少其挫败感。

（4）不断练习和展示。对孤独症儿童已经掌握的技能要创造环境让其不断练习和展示，增加孤独症儿童得到表扬和强化的机会，使孩子不断提高自信心和对学习项目的兴趣。

3. 开发与提高沟通能力

帮助孤独症儿童建立沟通渠道，开发与提高孤独症儿童的沟通能力。这部分家庭教养的重点是语言能力训练。孤独症儿童的教育康复重点在于语用，即语言运用能力。孤独症儿童最大的障碍之一是难以与人交流。在日常生活中，人们最常用的交流方式是会话。为了使所要传达的信息更为明确、清晰，在说话的同时，人们常常会辅以手势、面部表情、语音语调等变化。除了最常用的口语交谈之外，还会采用阅读、写作、图片和照片、各种通用的符号代码、手势、面部表情及肢体语言来表达和传递信息。孤独症儿童由于个体的差异，在语言交流方面存在不同程度的障碍，如果在家庭教养过程中能找到合适的内容来教孩子，运用各种有效的交流方式辅助语言进行交流，可以很大程度地帮助孤独症儿童提高沟通能力，满足其日常生活中的沟通需要。这对提高孤独症儿童及其整个家庭的生活质量有很大帮助。家长在帮助孤独症儿童建立沟通渠道、开发与提高孤独症儿童的沟通能力过程中，要注意以下方面：

（1）利用孩子的优势和兴趣。家长根据孤独症儿童的优势和兴趣（如视觉优势），选择一种切实适合孩子的交流方法，逐步引导孩子学习并使用这种方法，建立与他人的基本沟通渠道。

（2）善用强化物。在确定教授儿童一种交流方法后，要找到孩子最喜欢的一种事物，如食品、玩具或活动。从此入手，让孩子学会使用家长所教授的交流方法发起沟通交流，以得到他最想得到的事物作为强化。也就是让孤独症儿童学会用一种恰当的交流方式提出自己的愿望和需求，并得到满足。在刚开始做时，家长可以直面孩子，近距离教学。在教学过程中可以借用各种辅助手段来帮助孩子，增进其理解。这样做一来可以让孩子对学习这个项目感兴趣，二来可以让孩子在学习中直接受益。

（3）及时变换位置。在孤独症儿童完成近距离教学目标后，家长可以逐步拉大与孩子之间的距离，酌情变换自己所处的位置，在一定范围内泛化孩子已经学习到的交流技能。

（4）拓展交流项目。在完成以上教学训练的基础上，可以扩展儿童的交流项目，把孩子感兴趣的事物由一种扩大至几种，增加他喜欢的物品并配以相应的图片或其他辅助，教孩子学习选择性地提出要求。

（5）更大地扩展交流范围。不限于孩子喜欢的物品，加入日常生活中各种需求性的交流训练。也可以酌情加入句子结构的介绍，教授普通的实用句型，提供大量的练习机会。还可以加入物品属性的概念，使表达更为精确。

（6）发展孩子的语言能力。虽然孤独症儿童具有语言能力，但大都对语言理解较差，表达能力也相应偏弱。所以家长应有针对性地设计一些场景，引导孩子用语言表达和互动。学习的内容包括：恰当地使用日常礼貌用语，如“谢谢、不客气、对不起”等；理解语言，包括人称代词、介词、方位词、量词等；准确的用词和正确的语法。

对于语言能力很差的儿童，家长可以尝试采用多种方式提高儿童的沟通和交流能力。在使用语言发出指令的同时，辅以肢体语言、丰富的表情、相应的图片或照片（可自拍）提示等。

对于完全没有语言能力的儿童，设计的活动和辅助的方式应更加广泛。家长发出的指令要简短、直接、明了，不应该有太多的解释和繁杂说明，并辅以明确的表情、肢体语言或图片，向孩子传达准确的信息。在为孩子营造心情愉快的学习环境的同时，还要注意捕捉孩子在整个互动活动中出现的各种音或词，及时引导他们把这些音或词与有实际意义的事物做关联，并不断地进行练习和强化。利用所有可从事教学的机会进行语言训练，以便有效促进和提高儿童的语言能力。

（7）学习用已掌握的交流方法回答问题，学习简单对话。家长可以设计有效的交流场景，功能性地使用所掌握的交流方法，使交流具有实用性。真正让孩子体验到这样交流简单、便捷、有效，从中得到满足和快乐。

4. 增强生活自理能力

0～3岁的孩子一般都要经历学习独立吃饭、独立如厕的过程，孤独症儿童也不例外。也就是说，在这一方面的学习上，对所有孩子的要求应该是一致的。很多孤独症儿童的家长认为，自己的孩子有缺陷，理应给予他们更多的、更为周到的照顾和帮助。然而，令家长没有想到的是，这样的帮助如果超越了一定的限度，不仅对孩子没有好处，还会对孩子的成长发育产生障碍，导致他们出现一些本不应该出现的问题。更为严重的是，很多家长并不认为这些问题与自身有关，而是把所有的问题全部归罪于孤独症，并不断加强对孩子的照顾和帮助。由此，一个恶性循环就出现了。这样做最终导致两个后果：一是孩子对家长的依赖越来越强，自身的惰性也与日俱增，一旦愿望得不到满足就大发脾气；二是家长的付出越来越多，如果再加上工作上和生活中的压力，就会越来越觉得身心疲惫，苦不堪言。结果是，不仅孩子的生活质量不高，整个家庭的生活质量也会不断下降。更为重要的是，家长剥夺了孩子成长中很多的学习过程，错过了很多可以正确引导、帮助和教育孩子的机会。由此看来，尽最大努力提高儿童的生活自理能力，是提高儿童及整个家庭生活质量的一个前提。减少对儿童的帮助，是儿童提高自理能力的关键。这么说，可能很多家长都不能接受，但事实如此，不容置疑。儿童成长过程中，无不是从一次次亲身体验和反复练习中获得进步。日常生活中如进餐、如厕、穿衣、洗漱等，都应该是儿童逐步学习和掌握的基本生活技能。当然，对于孤独症儿童，我们提倡最好运用无错误学习法，也就是直接告诉他们正确的做法，甚至可使用全辅助帮助他们学习一些基本的技能，以使他们准确无误地掌握并受益。在此期间，家长应该不厌其烦地帮助他们，并尽可能多地给儿童提供练习机会。为了保证整个学习过程轻松愉快，家长在帮助儿童提高生活自理能力的过程中要注意以下方面：

（1）学习项目要难易适中。根据孩子的能力选择合适的学习项目，在选择学习项目时，要考虑到几个方面：首先，这个学习项目是不是孩子在生活中必须掌握的，也就是说学习这个项目是不是对孩子以后的生活确有帮助。其次，孩子目前是否具备学习这个项目的能力。如果孩子目前不具备这样的学习能力，则要考虑降低学习项目的难度。如果所要学习的项目比较复杂，家长可以采取对学习项目进行分解的方法，将其拆分为若干个小的学习项目，先逐个学习，在儿童全部掌握后，再教儿童完成整个项目的学习。这样可以降低学习难度，增加孩子在学习中成功率，提高自信心。

（2）对儿童要求一致。家庭成员对儿童的要求一定要一致，目标一定要明确，尤其是联合家庭（两代以上合住）中的所有成员做到这一点就更为重要。

（3）增加趣味性。提高学习项目的趣味性，可以激发儿童的学习兴趣，增强配合能力，也就会提高学习效率。家长应在安排学习项目时，尽可能多地加入一些趣味性强的游戏和活动，以提高儿童对学习项目参与的积极性，从而保证学习成效。

（4）有效的强化。家长应注意在教学过程中对儿童的强化。有效的强化，是维持学习顺利进行的关键。首先，家长要找到儿童喜欢的强化物，如某种食品、玩具、日用品等。家长应注意的是，一旦这个物品被选中作强化物，就不应在日常生活中让孩子轻易接触到，而只在教学训练时使用。其次，要经常测试所选强化物的效应，并不断进行优选，以保证其应有的效能。

拓展知识

孤独症儿童家庭的亲职教育（家长教育）需求研究

在亲职教育内容方面，孤独症儿童家长的整体需求都非常高，迫切且广泛，尤其对专业知识技能和资源的需求最为迫切。其中，家长的需求以“学习如何提高孩子的社会适应能力”“了解孩子发展各阶段生理与心理的特点与需求”“学习促进孩子身心健康发展的知识和技能”这些提升孩子生活质量和增进亲子沟通的内容最为强烈。

在亲职教育实施方式方面，孤独症儿童家长最愿意通过获取资讯的方式来接受亲职教育。其中，家长的需求以“政府建立专门的咨询机构，为孤独症儿童家庭答疑解惑”“学校在新学期或家长会时提供家庭教养材料”“学校举办家长教育讲座”这些围绕政府提供的社会支持与学校组织的亲职活动的实施方式最为强烈。

在亲职教育实施的时间、频率和地点需求方面，家长最愿意接受以学校为依托，利用周六日白天时间，定期开展的持续时长1～2小时的亲职教育活动。

在专业知识技能和资源需求方面，家庭成员、家长文化程度、家庭所在地、家庭经济状况和儿童障碍程度都会影响孤独症儿童家长亲职教育需求的选择，其中家庭经济状况是影响亲职教育需求的最显著因素。

资料来源：关宏会子．自闭症儿童家庭的亲职教育需求研究 [D]．辽宁：辽宁师范大学，2014.

二、0～3岁智力障碍儿童家庭教养指导

（一）智力障碍的概念界定

在我国残疾人分类体系中，智力障碍被称为智力残疾。2006年，中国残疾人联合会发布的第二次全国残疾人抽样调查使用的《残疾标准》中对智力残疾的定义是：智力残疾是指智力显著低于一般人水平，并伴有适应行为的障碍。此类残疾是由于神经系统结构、功能障碍，使个体活动和参与受到限制，需要环境提供全面、广泛、有限和间歇的支持。智力残疾包括：在智力发育期间（18岁之前），由于各种有害因素导致的精神发育不全或智力迟滞；或者智力发育成熟以后，由于各种有害因素导致智力损害或智力明显衰退。

（二）智力障碍的成因

智力障碍发生机制较为复杂，是众多因素交互作用的结果。

1. 遗传因素

遗传因素包括染色体异常和先天性代谢异常等。

染色体异常可分为染色体数目异常和染色体结构异常两大类。最常见的因染色体异常而导致智力障碍的是唐氏综合征（Down's Syndrome)，又名先天愚型、21- 三体综合征。其主要致病原因是第 21 对染色体上有三条染色体。母亲怀孕时年龄越大发病率越高。

各种先天性代谢异常皆可导致儿童智力障碍，苯丙酮尿症（PKU）较为人们熟知，属于氨基酸代谢异常。由于体内缺乏苯丙氨酸羟化酶，使得苯丙氨酸羟化过程受阻，苯丙氨酸及其代谢产物在血液中积聚，损伤神经系统，形成智力障碍。其他类先天性代谢障碍也会导致智力障碍，例如碳水化合物代谢障碍（如半乳糖血症、果糖血症等)、脂肪代谢障碍（如黑蒙性痴呆症)、黏多糖代谢障碍等。

2. 胎儿期感染和中毒

胎儿期感染和中毒是智力障碍最常见的致病因素。在胎儿期尤其是孕初期 3 个月，孕妇如果受到环境中病原微生物侵袭而患严重感染性疾病时，可能导致胎儿智力障碍。病原体主要有风疹病毒、巨细胞病毒、梅毒螺旋体、单纯疱疹病毒（二型）及弓形体等。孕妇在孕期前 3 个月患风疹对胎儿的损害最为严重，可能引起胎儿智力障碍。另外，孕妇受到药物毒性损伤、放射线和化学毒物的损害，以及吸烟与嗜酒等因素都可能导致胎儿智力障碍。

3. 生产因素

在母亲生产过程中存在许多会导致智力障碍的因素。

（1）早产或低体重。胎龄不足 38 周或出生时体重不足 2.5 千克的新生儿可能会因发育不足而导致智力障碍。

（2）新生儿窒息。胎儿娩出后仅有心跳而无呼吸，并出现一系列呼吸衰竭症状，有可能因大脑缺氧影响智力正常发展。

（3）产伤。由于分娩时胎位异常、胎儿过大，或者胎儿头部长时期受压，以及使用产钳助娩、负压吸引等对新生儿头颅造成机械压迫，这些因素都可能使新生儿脑部直接受创，造成智力障碍。

此外，婴儿在成长过程中也面临着诸多高危因素，比如放射线照射对婴儿脑神经细胞损害较为严重；高烧、脑炎或脑外伤等对婴儿智力发展有影响；早期社会环境剥夺或情感缺失等均可影响婴儿智力水平。

（三）智力障碍儿童的特点

智力障碍儿童作为独立的个体，同样遵循儿童的基本发展规律，但由于智力障碍是由大脑器质性原因导致的，决定了智力障碍儿童在生理、心理等方面的发展普遍比同龄正常儿童迟缓，特别是在心理发展方面会较长时间停留在初级阶段。智力障碍儿童在生理、认知、社会性等方面的发展特点表现如下。

1. 生理发展特点

轻度智力障碍儿童与同龄正常儿童相比，在身体发育、外貌特征等方面没有较大差异。中度以上智力障碍儿童在外貌上容易被发现。唐氏综合征患者的外貌特征就是典型中重度智力障碍者的代表。他们的头颅小而圆、眼距宽、眼裂小、外眼角上斜、鼻梁低平、外耳小等。重度智力障碍儿童一般在躯体及运动功能方面发展迟缓。极重度智力障碍儿童在出生时便表现出躯体和神经系统发展异常。

2. 认知发展特点

智力障碍儿童的感觉和知觉发展异常。在感觉发展方面，他们的视觉感受性较差，对大小、形状、颜色等的辨认能力较低；听觉感受性较差，对声音的辨别能力差；皮肤感觉不敏感，手指触摸感觉较差；对味道的区分能力较低，智力障碍程度较重的儿童的嗅觉、味觉会完全丧失；对饥、饱、渴、躯体舒适与否的感受性较低。在知觉发展方面，他们知觉分化不够，知觉联系少，知觉速度缓慢、容量小，缺少知觉的主动性和积极性。

智力障碍儿童的注意发展水平低于同龄正常儿童。他们的稳定性、集中性较差，注意分配不灵活，注意广度窄，维持时间短。

智力障碍儿童的记忆速度缓慢、容量小、保持差、再现不完整，对记忆材料的处理存在困难，记忆的目的性欠缺，机械记忆相对较好，意义记忆较差。

智力障碍儿童的语言发展水平明显低于同龄正常儿童。他们的言语发生晚，词汇贫乏，语法简单，发音不准，吐字不清。复杂而抽象的语言理解和表达能力均发展不足。智力障碍程度较重的儿童不能表达自己的意思。进入学龄期后，智力障碍儿童的书写、阅读能力不高，这直接影响到他们的日常学习活动。

不同程度的智力障碍儿童的认知发展水平差异较大。轻度智力障碍儿童认知发展水平相对最好，能完成相当于普通小学阶段难度的学习任务；中度智力障碍儿童对小学高年级及以上难度的学习任务基本难以掌握；重度智力障碍儿童即使至成人阶段后也只相当于4～5岁正常儿童的智力水平。

3. 社会性发展特点

智力障碍儿童情绪体验简单，高级情绪体验少。大多数中重度智力障碍儿童只能体验到喜、怒、哀、乐等初级情绪，而对自尊、光荣、壮烈等高级情感体验不足。他们情绪易波动，易表于外，情感反应直接，很容易受到外界环境的影响；情绪调节和控制能力差，缺乏理性判断与思考，不考虑行为后果。

智力障碍儿童的问题行为出现概率比同龄正常儿童高，集中表现为攻击行为、破坏行为、自伤行为、不当社交行为等。随着年龄增长，其问题行为会有一定改善，但本质上变化不大。

智力障碍儿童的沟通和社会交往技能发展不足。轻度智力障碍儿童可基本掌握日常语言沟通方式，但交流内容单调、幼稚。中度智力障碍儿童在学龄前能学会用简单语言进行沟通，但词汇贫乏，不能表达较复杂内容。他们由于缺乏必要的社交技能或者社交技能运用不当，导致人际交往障碍，不易与同龄儿童建立深入稳定且持久的友谊关系。

在意志品质方面，智力障碍儿童缺乏行为自觉性、目的性和主动性，需要成人的鼓励和监督才可能完成任务；不能积极主动地参与活动，需要由外界因素推动；意志薄弱，依赖性强，不能忍受挫折和失败，害怕面对失败而逃避任务，缺乏责任心；无法坚持自己的观点，易受他人暗示，而且对别人的建议往往不加分析地全盘接受，易受人唆使。

智力障碍儿童容易以自我为中心，不考虑他人想法，不顾及环境条件。比如看到别人在玩某种玩具，不管在什么场合、情况是否允许，他一定要得到，否则就哭闹不停。

（四）0～3岁智力障碍儿童家庭教养的内容及指导策略

1. 智力功能的教育

（1）感知觉功能的引导。

发展0～3岁智力障碍儿童的感知觉功能，指对智力障碍儿童的视觉、听觉、触觉、嗅觉、味觉等感觉进行教育康复引导，以促进他们有效地利用感觉器官去接触和探索周围的环境，有利于促进他们的认知发展。家长可以通过开展各类刺激活动，如设计一些视觉、听觉、触觉等方面的刺激活动，来促进智力障碍儿童各项感觉能力的发展。例如，到公园里，引导智力障碍儿童观察树叶、小草、花的颜色，闻闻它们的气味，听听风吹树叶的沙沙声，听听小鸟、小猫或者小狗的叫声等；洗澡的时候，让智力障碍儿童闻一闻沐浴露的气味，感受洗澡过程中产生的泡泡带来的触感等。引导智力障碍儿童通过视觉、听觉、嗅觉等感官认识周围的常见物品，并说明物品名称，这样既能充分加强智力障碍儿童对生活事物的认识和感受，也能促使家长和子女在感知觉游戏中增进感情。

（2）注意与记忆能力的培养。

培养智力障碍儿童的注意力与记忆力应该从环境安排入手，尽量避免一些无关因素造成的影响。要善于采用提醒策略，如用口头指令、图片、轻拍肩膀等非言语方式，来提醒智力障碍儿童保持注意力。也可以在生活中因地制宜地开展一些智力障碍儿童喜欢的注意力康复活动，如听音乐、做游戏、唱歌、朗诵儿歌、做运动、画画等。例如，玩一些发条玩具，让玩具走起来，引导智力障碍儿童去追视发条玩具；把智力障碍儿童喜欢的玩具当着他的面藏起来，并鼓励他去找，这不但能锻炼智力障碍儿童将注意力集中在自己喜欢的事物上，而且有助于智力障碍儿童在探索中建立对事物的永久性概念，还能在这个过程中锻炼智力障碍儿童的记忆力。

想一想

请尝试设计一个有助于提升智力障碍儿童记忆力的小游戏。

（3）言语和语言功能的激活。

绝大多数智力障碍儿童都有言语与语言障碍，因此言语与语言功能的激活在其家庭教养中占据极其重要的位置。家长应多带领智力障碍儿童外出，引导他们仔细观察周围的世界，认识自然界和社会生活中的各种事物与现象，学习丰富的词汇，在提高听觉辨别能力的基础上，教他们看清口型及模仿发音，并鼓励智力障碍儿童尝试用语言来描述和表达周围的世界等。例如，家长将智力障碍儿童的手放在自己嘴上，引导儿童用手轻轻地拍家长的嘴唇，家长发出“wɑ、wɑ、wɑ”的声音，然后把儿童的手放在他自己的嘴唇上，鼓励他模仿发出“wɑ、wɑ、wɑ”的声音。鼓励智力障碍儿童积极发音，可促进他产生喜悦的情绪，激励他与人交往。随着智力障碍儿童语言能力的提升，可以出示一些动物模型，在“躲猫猫”游戏中告知动物的名称和叫声，引导他们去听、去找、去说，并及时给予表扬或鼓励。

（4）社会认知功能的建立。

对0～3岁智力障碍儿童的社会认知功能进行引导，主要包括增强他们对他人、人际关系及其准则、道德规范等方面的认知功能，引导他们通过参与生活来积累社会认知经验。可以采用专门的社会交往游戏活动来开展社会认知功能康复活动，有利于促进智力障碍儿童提升人际交往、合作、分享等能力，逐步增强他们对游戏情境及参与人员角色等方面的认知水平。例如，家长可以通过碰碰鼻子、碰碰脑门的游戏，引导智力障碍儿童注视他人面部，与他人做眼神接触；在吃水果的时候，引导智力障碍儿童把水果分发给其他家庭成员，其他家庭成员示范说“谢谢”，另一个家庭成员一边帮助智力障碍儿童做摆手动作一边配合说“不用谢”；在过马路的时候，引导智力障碍儿童走人行横道，看红绿灯等；去超市的时候，引导智力障碍儿童明白买东西要给钱等。尽可能选择与智力障碍儿童生活密切相关的内容，帮助他们增加生活经验，使其学有所用。

2. 适应行为功能的教育

（1）自我照顾和管理。

0～3岁的智力障碍儿童家庭教养中要重视对他们进行自我照顾和管理教育，这可以使智力障碍儿童以后能对自己的学习、生活等进行合理的安排与规划，使自己保持良好的生活状态，以便能更好地融入周围生活环境和以后的幼儿园生活。

在自我照顾方面，家长要帮助智力障碍儿童掌握衣食住行所需的基本自理能力，知道如何保护自己，能独立地适应社会生活。要提高智力障碍儿童的生活自理能力，使他们能够在家长的帮助或提示下，开展每天必需的穿衣、进食、洗漱、如厕等活动。由于认知水平受限，智力障碍儿童学习生活自理技能的难度大于同龄儿童，要及时进行专门的训练。在开展这些专门训练时，基本上也是利用行为学原理，结合认知教学，帮助他们通过反复练习来获得技能。例如，在家庭教养中帮助智力障碍儿童学会伸手抓东西，自己拿东西吃，自己抱奶瓶喝奶，用水杯喝水，用勺子吃饭，穿脱外衣、袜子，大小便有提示，在水龙头下洗手，饭后用毛巾擦手、脸、嘴等。

在自我管理方面，要帮助智力障碍儿童养成良好的学习习惯，遵守规则和秩序，规范自己的日常行为。例如，别人说话的时候要注意听，不要轻易打断；当看到别人手上的玩具想玩的时候，可以拿另一个玩具去换，或者征得他人同意才可以玩，不能抢等。对不能较好进行自我管理的智力障碍儿童，一般可以用行为改变技术来帮助他们塑造良好行为。应经常给予示范提示，结合各种不同的强化方式，巩固他们的良好行为。对已出现的问题行为要具体分析，找出原因，对症下药。

（2）人际适应功能。

人际适应功能是指通过家庭教养活动使智力障碍儿童掌握参与社会生活所必需的社交技能，并建立和家长、亲戚、朋友以及他人之间的良好人际关系，从而提高他们的社会生活质量。智力障碍儿童的人际适应功能康复主要从社交技能康复入手，并帮助他们利用掌握的社交技能来发展人际关系，以及处理人际适应过程中的各种问题。

开展智力障碍儿童的社交技能训练主要是运用联结学习、观察学习等原理，从认知和行为两方面促进他们理解与运用所学的社交技能。在家庭教养中有针对性或随机指导帮助智力障碍儿童逐步学习并掌握各种社交技能。为智力障碍儿童设计丰富的、适宜的社交游戏活动，为他们提供练习和运用社交技能的机会，在游戏活动中随时关注他们的需要。必要时给予一些辅助、强化等，促进其社交技能的进一步提升。这也能为他们真正融入社会生活、提高人际适应能力打下基础。例如，帮助智力障碍儿童学会和其他小朋友一起玩、把皮球传给其他小朋友、能够按指示把东西给别人、能够和别人打招呼、知道亲近的人的名字、能和小朋友一起分享玩具、在玩滑梯的时候知道等待和轮流、能够自主选择自己喜欢玩的玩具等。

3. 健康教育

（1）生理健康。

对智力障碍儿童生理健康的关注主要是对视听、心肺等各身体器官以及手、关节等方面的关注。家庭教养中主要通过运动促进智力障碍儿童的粗大动作功能和精细动作功能的发展。

粗大动作是指身体姿势或全身的动作，如行走、跑步、跳跃等，这影响到智力障碍儿童参与体育活动或形体活动的能力。如果智力障碍儿童粗大动作能力较差，则需要按照动作发展的顺序，从头到脚、从上到下、从身体中轴到外侧、由近及远、由粗到细地逐步康复。对运动发育严重迟缓的智力障碍儿童，需要在早期康复活动中加强对他们的翻身、坐、爬、站、走等基本的活动能力进行康复。对具备基本运动能力，但某个方面能力发展不足的智力障碍儿童，比如走路或跑步姿势不正确，则可以有针对性地开展相关训练，提高他们的模仿能力和肢体协调能力等，以增强他们的体质，促进他们的生理功能健康发展。

精细动作主要指手和手指、口腔的运动等。对手和手指动作功能的训练采用的方式主要是投物、穿珠、捏橡皮泥、折纸、剪纸、绘画等。这些活动有利于锻炼智力障碍儿童的手指灵活性，提高他们的手眼协调能力，提高手指动作技巧，增强手指控制能力的精确性。对口腔运动的训练有利于智力障碍儿童较好地发音和表达。例如，在早期喂养中，根据智力障碍儿童的年龄变换辅食，提高他们的吞咽能力和咀嚼能力。在他们长牙后，可以多吃耐咀嚼的食物，增强他们的咬肌力量、双唇闭合能力以及舌的灵活性，提高说话的清晰度。

（2）心理健康。

一般而言，智力障碍儿童存在焦虑、孤独、冲动、易受暗示、固执、易怒、情绪不稳定、意志薄弱、自卑、缺少主动性、人际关系敏感、情感障碍等心理问题，同时他们缺乏自我修复的能力，需要借助专业人员的帮助。当这些问题不太严重时，家长可以在日常生活中采用一般的认知或行为方法加强对他们的人格塑造，增强他们对自己情绪和行为的控制能力。对较严重的心理问题，例如有严重的社交恐惧症、抑郁症、强迫症等，则应该接受专门的心理治疗。

此外，对智力障碍儿童的健康功能康复还可以配合药物治疗和饮食治疗等方法。治疗要严格遵循医嘱。

与普通儿童相比，特殊儿童失去或弱化了某个或某些通过自然渠道学习的能力，这使得特殊儿童家庭教养活动具有更强的专业性。为了帮助特殊儿童更好地回归主流社会，在家庭教养过程中，家长需要在康复师的专业指导下，更新观念，更新方法，尽早对特殊儿童进行针对性家庭教养，尽可能引导特殊儿童通过视觉、听觉、触觉等多通道学习，“小步子、多反复”地开展家庭教养才更容易取得事半功倍的效果。

拓展知识

针对智力障碍儿童的常用教学方法

针对智力障碍儿童的常用教学方法有任务分析法、谈话法、演示法、模仿法、参观法、巩固练习法、情景教学法、伙伴帮助法、个别指导法、游戏法和康复法等。以下主要介绍任务分析法、演示法和巩固练习法。

1. 任务分析法

一项任务中往往包含着许多更小的、分离的、具体的分任务。任务分析法就是将对于学习者而言复杂的总任务分解成其能够接受的多个简单的分任务。如果需要的话，还可以将分任务进一步加以分解，直至该分任务符合儿童的行为起点为止。例如，对刷牙这项任务可进行如下分析（见表6-2）。

表 6-2 刷牙任务分析

序号	任务分析
1	拿起牙刷
2	将牙刷的刷头浸湿
3	打开牙膏的盖子
4	将适量的牙膏挤到刷头上
5	刷下排牙齿的外侧：使刷头与牙面成 45 度角，顺着牙龈线上下轻刷下排每个牙齿
6	刷上排牙齿的外侧：使刷头与牙面成 45 度角，顺着牙龈线上下轻刷上排每个牙齿
7	刷上排牙齿的咬合面：来回轻刷每一个牙齿
8	刷下排牙齿的咬合面：来回轻刷每一个牙齿
9	刷下排牙齿的内侧：将牙刷放在牙齿内侧牙龈处，从下往上或从上往下刷
10	刷上排牙齿的内侧：将牙刷放在牙齿内侧牙龈处，从下往上或从上往下刷
11	吐出牙膏
12	拿起口杯
13	向杯内加水
14	含水漱口
15	将漱口后的水吐出（必要时，重复数次，直至漱干净）
16	冲洗牙刷
17	将牙刷放回原处
18	将口杯放回原处
19	盖好牙膏盖子
20	将牙膏放回原处

由于每个儿童的能力起点不同，同一任务可做不同繁简程度的分析。在刷牙任务分析中，如果儿童的能力比较强，可以将其中某些分任务进行合并与简化。

任务分析法在智力障碍儿童教学中具有很高的价值，该方法几乎可以覆盖所有技能类教学内容。由于智力障碍儿童的观察力、理解力和记忆力相对比较差，因此在学习比较复杂的操作性技能时不能对操作步骤进行有效观察、分析和记忆，而最终导致操作困难。为帮助智力障碍儿童看清楚并掌握正确的操作步骤、规范操作程序，需要对相对复杂的技能进行分解，即将复杂技能分解成若干个容易观察、容易模仿的细小操作步骤，通过帮助智力障碍儿童一个环节一个环节地进行操作实践，使他们掌握技能完成的要点，最后将每一细小步骤连缀成一个完整的操作技能。任务分析法符合智力障碍儿童教学中的“小步子”教学原则。

2. 演示法

演示法又称示范教学法，是人类教育中最基本的教学方法之一。所谓演示法是指教师通过展示实物、直观教具或示范性操作，使学生通过观察获得知识技能或巩固知识技能的方法。该教学法使师生可以同时进行视觉和口头上的交流，克服语言障碍，师生之间可建立融洽的关系。

由于智力障碍儿童的认知水平低，观察力和思维能力差，大脑中表象贫乏，导致教学困难。采用演示法，教师可以通过演示实物、模型、图片、多媒体，使智力障碍儿童直接感知所学事物的形态、色泽等，进而准确理解和把握所学的具体事物的特征。也可以通过演示动作、表情使智力障碍儿童准确理解动作、表情的具体含义。总之，演示法不但能够形成或丰富智力障碍儿童的表象，还能扩大其社会认知和情感认知，促进有效学习。因此，对智力障碍儿童而言，演示法具有非常重要的意义，该教学方法符合智力障碍儿童教育中的“直观性”教学原则。

3. 巩固练习法

巩固练习法又称练习法，是指在教师指导下通过对特定内容一定量的练习使学生巩固所学、形成技能的一种方法。该方法不但能够帮助学生掌握所学知识，还有利于学生将所学知识转化为技能，因此该方法也是普通学校最常用的教学方法之一。

智力障碍儿童与普通儿童相比具有识记慢、遗忘快的特点，他们在学完一项内容后往往很快便遗忘了，这使其学习很难获得进展。为使智力障碍儿童掌握所学知识，并将知识转化为技能，教师必须根据每一位智力障碍儿童的学习特点、记忆水平和所学习的内容设计一定形式、一定量的专门练习，并将练习程序化。通过不断的、程序化的练习，智力障碍儿童理解和掌握特定学习内容，最终达成教学目标。巩固练习法符合智力障碍儿童教育中的“小步子”、“个别化”和“巩固性”等多项教学原则。

同步练习

1. 什么是智力障碍？
2. 智力障碍儿童的特点有哪些？
3. 0～3岁智力障碍儿童家庭教养的内容及指导策略有哪些？

我的收获

我的问题

解决办法

模拟测试

一、单选题

1. 在精神、生理、人体结构上，某种组织、功能丧失或障碍，全部或部分丧失从事某种活动能力的人，称为（　　）。

A. 听力残疾　　B. 智力残疾　　C. 精神残疾　　D. 残疾人

2. 某孤独症儿童在穿衣服时一定要先穿袜子再穿裤子，坚持上午 7：35 出门，如果先穿裤子再穿袜子或者 8：00 出门就会哭闹，这属于（　　）。

A. 社会交往障碍　　B. 非言语交流障碍

C. 刻板重复的行为方式　　D. 感知觉异常

3. 行走、跑步、跳跃等属于（　　）。

A. 粗大动作　　B. 精细动作　　C. 认知　　D. 沟通

4. 在日常生活中，人们最常用的交流方式是（　　）。

A. 信息　　B. 会话　　C. 动作　　D. 手势

5. 尽最大努力提高特殊儿童的（　　），是提高儿童及整个家庭生活质量的一个前提。

A. 适应能力　　B. 如厕能力　　C. 进餐能力　　D. 生活自理能力

二、多选题

1. 0～3 岁特殊儿童家庭教养存在的问题有（　　）。

A. 教育观念落后　　B. 经济条件差

C. 社会支持不足　　D. 教育方法落后

2. 0 ～ 3 岁智力障碍儿童家庭教养中，适应行为功能的教育包括（　　）。

A. 自我照顾　　B. 人际适应功能

C. 自我管理　　D. 心理健康

3. 家长在帮助特殊儿童提高生活自理能力的过程中要注意（　　）。

A. 学习项目要难易适中　　B. 对儿童要求一致

C. 增加趣味性　　D. 有效的强化

三、简答题

1. 0 ～ 3 岁特殊儿童家庭教养存在的问题有哪些?

2. 简述孤独症儿童家庭教养的内容。

3. 简述智力障碍儿童家庭教养的内容。

四、案例分析题

有位孤独症儿童家长来康复机构咨询，说自己的孩子今年 2 岁了，和他说什么他都听不懂，在家不知道怎么和孩子互动。请你结合学过的知识，给予该家长家庭教养的指导策略。

项目7 婴幼儿家庭教养指导的现状与发展

学习目标

知识目标

了解当前我国婴幼儿家庭教养指导的现状与发展趋势。

能力目标

掌握当前我国婴幼儿家庭教养指导存在的问题。

素养目标

增加对我国婴幼儿家庭教养事业的认知，提升对婴幼儿家庭教养职业的归属感与获得感。

思维导图

- 项目7 婴幼儿家庭教养指导的现状与发展
  - 主题1 婴幼儿家庭教养指导的现状与存在的问题
    - 我国婴幼儿家庭教养的现状
    - 我国婴幼儿家庭教养指导的现状
    - 我国婴幼儿家庭教养指导存在的问题
  - 主题2 婴幼儿家庭教养指导的发展
    - 婴幼儿家庭教养指导的发展趋势
    - 婴幼儿家庭教养指导的变革方向

情境导入

你怎么看“孩子在幼儿园不出事就算了”？

最近月亮班的朱老师经常抱怨，她班里有一个小男孩，其父母长期在外打工，小男孩一直由爷爷奶奶照顾。这个孩子喜欢找同伴玩，却不善于与他人交流，且攻击性很强。他无聊的时候会招惹别人，别人不小心碰到他，跟他说了“对不起”，他还会打人。朱老师说：“平常苦口婆心地教育他与同伴友好相处，可是一次又一次失败，每次总因为他让我们浪费很多时间来处理问题，我真的感觉很苦恼。”更让朱老师苦恼的是，她与小男孩家长的沟通经常是“不欢而散”。她提醒爷爷奶奶不要溺爱孩子，爷爷说：“小孩子嘛，淘气很正常呀，现在的社会竞争激烈，孩子个性太软弱了就会被欺负。”朱老师生气地说：“不跟家长谈了，只要看紧点，孩子在幼儿园不出事就算了。”

点评：当教师发现孩子有问题时会与家长及时沟通，希望家长改进教养方法，促进孩子健康成长。但是他们发现向家长多次反映孩子的情况，孩子及其家长的行为却没有什么变化，于是教师得出结论，原因是家长不配合。可是，事实并非完全如此。朱老师遇到的问题在婴幼儿家庭教养中很普遍。这个孩子及其家长固然有其自身的问题，但是教师指导家庭教养的方法也有待改善。教师不能总是像“告状”一样向家长反映孩子的问题，然后把问题抛给家长去解决。从家长的角度来说，每个家长都不希望孩子出现问题，通常是由于自身教养观念、教养方法或者家庭环境的局限性，才“不得已”使孩子出现了问题。

热身思考

1. 你了解当前我国婴幼儿家庭教养的现状吗？
2. 你认为当前我国婴幼儿家庭教养存在哪些问题？
3. 你是否畅想过未来的婴幼儿家庭教养是什么样子？

任务探索

请你查阅资料，完成表 7－1。

表 7－1 当前我国婴幼儿家庭教养指导存在的问题及解决对策

当前我国婴幼儿家庭教养指导存在的问题	问题产生的原因	解决对策

主题 1　婴幼儿家庭教养指导的现状与存在的问题

一、我国婴幼儿家庭教养的现状

“人生百年，立于幼学”。家庭教养对于人一生的发展具有非常重要的影响。婴幼儿时期是人生伊始的重要阶段，其家庭教养的质量会影响婴幼儿一生的发展。

（一）婴幼儿的教养状态以散居家庭教养为主

当前，我国婴幼儿主要散居在家庭中，只有少部分的婴幼儿在一些早教机构和幼教机构中上白托班、小时班，或者在一些幼儿园上托班（有些地方也称小小班）。所以，婴幼儿的教养状态以散居家庭教养为主，少数婴幼儿的教养状态为集中教养。

（二）婴幼儿家庭教养内容偏向认知发展方面

相关调查显示，当前我国大部分（约 82.1%）婴幼儿的家长认为婴幼儿的家庭教养应以认知发展方面为主，如教授孩子识字、数数、读唐诗、念儿歌等；部分（约 10.6%）婴幼儿的家长认为婴幼儿的家庭教养应以促进婴幼儿的动作发展为主，要多训练孩子的运动能力，多带孩子做运动；还有少部分（约 4.3%）的家长认为婴幼儿的教养内容无所谓，教与不教都可以，要顺其自然。

（三）婴幼儿家庭教养方式单一

在家庭教养方式方面，大部分家长认为应该以大人讲解、教读为主，孩子像鹦鹉学舌一样跟着学即可；部分家长认为应该和孩子一起玩游戏，让孩子在玩中学；还有一部分家长不清楚采用何种家庭教养方式对孩子更好。

二、我国婴幼儿家庭教养指导的现状

（一）指导机构以社区、医院、早教园等为主

当前，我国婴幼儿家庭教养指导的机构有国家卫生健康委员会、妇联、高校、科研机构、医院、社区、早教机构等。其中，社区优生优育指导中心服务点、医院以及早教机构为主要的指导机构。我国大多数医院尤其是妇女儿童专科医院都开设有优生优育专题服务项目。

（二）指导形式以亲子活动、讲座、咨询为主

当前，我国婴幼儿家庭教养指导的形式以亲子活动、讲座、咨询为主。通过指导员

上门、“大篷车”进社区、网站宣传、手机短信、亲子活动、讲座、咨询等形式，就近为婴幼儿家庭提供指导服务，提高家长科学育儿的意识和能力。

（三）指导内容以营养保健知识、科学养育的技巧为主

人口机构以及医院开展的婴幼儿家庭教养指导讲座以营养保健知识、科学养育的技巧为主要内容。在早教机构开展的家庭教养指导讲座以婴幼儿早期智力开发为主要内容。

（四）指导师资以保健医生、早教教师、育婴师为主

目前，在我国从事婴幼儿家庭教养指导的师资以保健医生、早教教师、育婴师为主。我国婴幼儿家庭教养指导的师资严重不足，现有师资良莠不齐，专业化程度不高。一些社会机构以营利为目的，开展早教教师、育婴师、家庭教养指导师的短期师资培训，培训质量参差不齐，师资水平堪忧。

三、我国婴幼儿家庭教养指导存在的问题

0～3岁是婴幼儿发育最迅速、最关键的时期，家庭教养对婴幼儿的智力和体格发育的重要性已经得到公认。自20世纪80年代以来，对婴幼儿家庭教养指导的研究就日益受到关注，然而时至今日，我国家庭教养指导仍然存在许多不可忽视的问题。

（一）早教机构的教师专业水准不够

家庭教养涉及面广，家庭教养中出现的问题往往是极具个性化的，同样的问题，由于家庭环境的差异，其形成原因、解决方法都可能差异很大。当前早教教师的专业水平难以胜任家庭教养指导服务工作，教师有心无力，不知从何处入手。另外，0～3岁婴幼儿家庭教养指导常常渗透在早教机构的亲子活动中，在这一类活动中，教师常常关注与婴幼儿的互动，而忽略对家长的关注与指导。这导致开展家长课堂后，出现家长的期望与收获不对等、家长参与家庭教养指导课程的积极性不高的问题。目前很少有早教机构将早教教师的家庭教养指导服务工作纳入服务项目，早教机构对早教教师既无硬性规定，亦无相关的考核要求。

拓展知识

当前我国早期教育专业人才的培养还处于起步阶段，主要由部分师范类院校、职业院校开设的早期教育专业以及学前教育专业的早期教育方向来培养早期教育专业人才。相关研究表示，目前全国开办早期教育专业的院校大多数为幼儿师范专科学校和职业院校。广西对于早期教育专业人才的培养起步较晚，早期教育专业人才十分缺乏，影响了早期教育事业的发展，也限制了当地婴幼儿早期教育指导的开展。广西早期教育的专业人才主要由广西幼儿师范高等专科学校培养。2017年广西幼儿师范高等专科学校获得教育部批准，在学前教育专业早期教育方

向的办学基础上开设早期教育专业，在广西高职高专院校中开先河，培养能够在幼儿园、早教机构等相关领域从事早期教育、保育护理工作、家庭教养指导、早期教育管理与科研的早期教育专业人才。

（二）指导迎合家长观念

有些家长对婴幼儿发展和早期教养的认识较为片面，更多关注的是婴幼儿的智力开发、技能学习，而对婴幼儿的性格养成、社会性的培养等关注明显不够。有研究发现，在早教机构中家长对亲子关系类问题的咨询最少，且没有意识到婴幼儿的行为问题也和亲子关系相关，只是一味地想要解决婴幼儿的行为问题，很少考虑自身的因素。[①] 由于早教机构的商业性与营利性，早教教师为迎合家长的需求，早教课程几乎都直接针对婴幼儿。尽管早教机构要求家长全程参与，但其效果可想而知。关颖的研究提到，目前的家庭教养指导存在“重孩子、轻家长，重实用、轻基础”的问题。

案例评析

家长 1：“孩子 10 个月，睡觉总会哭醒，啥原因？”

家长 2：“4 个月宝宝拒绝吃奶粉，什么原因？”

家长 3：“快 2 岁的宝宝，我需要怎样给他培养学习能力呢？”

家长 4：“孩子 2 岁多，非常不听话，打他也没用，请问该怎么教育呢？”

家长 5：“2 岁半的孩子好动怎么办？”

评析：根据上述家长的提问，可以发现：首先，在孩子 2 岁以前家长关注的是养育方面，2 岁以后家长关注的是教育方面。教养人之所以会提出这些问题是因为：2 岁以前的婴幼儿，语言还没有发育完全，不能明确地表达自己的感受，而且生活上没有自理能力，自主性也没有出现，因此教养人在婴幼儿 2 岁以前关注的都是婴幼儿的生活照料类问题。2 岁以后，婴幼儿能够表达自己，生活上的自主性也开始显现，且婴幼儿要准备进入幼儿园，因此教养人就开始关注应该如何教育婴幼儿方面的问题。这说明：家长对早期教养知识的理解是比较片面的，没有意识到在养育的过程中也应该融入教育的内容。

其次，教养人对婴幼儿心理发展的认识不足。有的家长在面对教育相关的问题时，倾向于寻求一些教育技巧来解决婴幼儿的问题，而不寻求这类问题出现的原因。这说明家长对早期教养的理解和认知仍然停留在养育层面，并没有意识到婴幼儿心理发展的重要性。

建议：在给予家长家庭教养指导的过程中，除了继续普及婴幼儿生活照料方

---

① 薛晋阳．0～3 岁婴幼儿教养人早期教养问题的分析 [D]．上海：上海师范大学，2017．

面的知识，还要为家长提供科学的教养理念，让家长真正意识到家庭教养的重要性以及实质，并且确保家长将所学到的知识应用到家庭教养中，实现真正意义上的指导，而不仅仅为了普及知识。

（三）指导动力不足

早教机构指导动力不足有两个原因：一是家庭教养指导工作难做，改变家长的不科学的育儿观念并非易事。二是家庭教养指导服务是一个长期而艰巨的工程，其效果往往难以在短期内体现出来。就算家长转变了不科学的教养观念，在婴幼儿身上也难以立刻体现出来，“效果”并不明显。这两个原因使早教机构有吃力不讨好的感觉，直接导致早教机构开展家庭教养指导服务的动力不足。

（四）指导内容缺乏针对性

虽然有幼儿园招收 2 ～ 3 岁的幼儿，但是幼儿园的工作重心还是在于 3 ～ 6 岁幼儿的教育工作，开展的家庭教养指导主要还是针对 3 ～ 6 岁幼儿的家庭教养问题，指导的内容针对的也是 3 ～ 6 岁幼儿的身心发展特点。虽然对于 2 ～ 3 岁的幼儿家长有一定的帮助，但是针对性不强。不同年龄段婴幼儿的身心发展特点不同，需要的指导内容也不同，缺乏针对性的家庭教养指导内容无法提高 0 ～ 3 岁婴幼儿家长的早期教育知识与能力，对 0 ～ 3 岁婴幼儿家庭教养没有实质性的帮助。

拓展知识

如何应对孩子的不合理要求？

0 ～ 2 岁的婴幼儿的语言功能还不完善，如果家长对他讲比较复杂的道理，他会听不明白，建议家长直接对孩子说“不可以”或是摇头。

2 ～ 4 岁的幼儿正处于人生第一个“反抗期”。对于这个时期孩子的不合理要求，“冷处理”是个不错的办法。当孩子大吵大闹的时候，不去理睬他，等他冷静下来后，再跟他讲道理。

“反抗期”的孩子还会产生一个错觉，那就是“我无所不能，我什么都可以”，虽然结果常常是以失败告终而哇哇大哭。这时家长不要以此为乐，不要嘲笑他们，而是要试着去理解和引导孩子，帮助他们掌握生活技巧，让他们在自己动手的过程中获取成就感。

当然，设置底线也是很重要的一点。“聪明”的孩子早早就学会了用哭闹换取自己想要的东西。如果孩子哭闹不止，就给他一点时间冷静，待孩子冷静后再耐心沟通，告诉他什么时间该做什么事。在多次哭闹的“博弈”过程中，孩子会渐渐摸到成人的底线。

同步练习

1. 请简述当前我国婴幼儿家庭教养的现状。
2. 当前我国婴幼儿家庭教养指导存在哪些问题?

我的收获

我的问题

解决办法

主题 2　婴幼儿家庭教养指导的发展

一、婴幼儿家庭教养指导的发展趋势

(一)“互联网 +”对婴幼儿家庭教养指导的影响

随着互联网时代的全面到来,“互联网 +”成为推动婴幼儿家庭教养事业发展的新动力。“互联网 +”让传统婴幼儿家庭教养焕发出新的活力,也对婴幼儿家庭教养提出了新的挑战。

1.“互联网＋”对婴幼儿家庭教养的推动作用

将信息化技术应用于婴幼儿家庭教养中，不仅可以构建形式多样、内容丰富的数字化资源，支持婴幼儿自主、合作、创造多种方式的学习活动，还可以丰富婴幼儿的知识，拓宽婴幼儿的视野，进一步促进婴幼儿全面发展。

总体来说，“互联网＋”婴幼儿家庭教养具有以下几点优势：

（1）学习的便利性与快捷性。

利用互联网平台进行学习，最大的特征是可以在任何时间、任何地点学习任何课程，能够实现便捷、灵活、多样性的家庭教养学习。

（2）内容的丰富性与生动性。

通过互联网平台将文字、声音、视频、动画等以多媒体形式表现出来，能够更加形象直观地展示出相应教养内容。

（3）时间与成本的经济化。

借助“互联网＋”平台，婴幼儿家长可以通过移动终端选择教养内容对婴幼儿实施家庭教养，加之诸多教育资源是免费的，从而大大节约了时间和成本。

（4）资源的共享性与平等化。

互联网以强大的存储性和交互性的技术优势，在短时间内迅速吸纳海量的知识和信息，形成信息库，这个信息库随着使用者的不断上传及分享而源源不断地扩容。借助“互联网＋”平台，婴幼儿家庭教养可以跨越家庭、地区、国家覆盖到世界的任何一个角落，以信息化为手段，扩大优质资源覆盖面，逐步缩小区域、城乡婴幼儿家庭教养差距，大力促进婴幼儿家庭教养公平，让亿万婴幼儿共享优质教养资源。

想一想

作为一名幼儿教师，你将如何运用互联网对婴幼儿家庭教养进行指导？

2.“互联网＋”对婴幼儿家庭教养提出的挑战

互联网会带给婴幼儿家庭教养正面积极的作用，同样也会带来消极的效应。作为新时代的家长，需要理性、正确地认识到互联网给孩子、给家庭带来的影响和冲击，构建新型的家庭关系。“互联网＋”对婴幼儿家庭教养提出了以下挑战：

（1）亲子关系变化。

信息时代中，人与人之间的交往方式发生了变化，促进了个体之间社会关系的改变。互联网进入家庭生活后，家长和婴幼儿对“互联网＋”平台的使用时间与频率增加，在一定程度上减少了家庭成员人际沟通，不利于亲子关系的维系。此外，在传统家庭中，父母是家庭的知识权威，负责向孩子传授各种知识和人生经验。但在新时代，互联网改变了这一切，孩子只要轻轻一点，就可以从网上获取自己所需要的信息。家长的权威地位受到挑战，也意味着家庭关系会发生改变。

（2）网络育儿内容良莠不齐。

网上各类婴幼儿家庭教养信息良莠不齐，普通家长难以辨别好坏。由于信息处理能力的限制，家长容易迷失在信息海洋中，浪费宝贵的时间，在提高婴幼儿家庭教养的质量上事倍功半、徒劳无获。

（3）家庭间“数字鸿沟”扩大。

互联网时代，对素质的要求是全面的、综合的。部分婴幼儿家长由于缺乏知识和经济实力，无法为孩子提供更好的网络知识教养，这就导致孩子之间的教养差距越来越大。

“互联网 +”背景下的婴幼儿家庭教养研究仍处于起步阶段，发展空间较大。目前还未将其视为婴幼儿家庭教养的有机组成部分，对具体的实践策略也缺少系统探索。未来需要从政府宏观层面和家庭教养工作者微观层面，共同探索“互联网 + 婴幼儿家庭教养”新模式，促进婴幼儿更加健康地发展。

（二）“人工智能”助力婴幼儿家庭教养指导的发展

“人工智能”（AI）成为近年来人们关注的重点，人工智能正引发新的全球教养议题：未来的孩子要如何与机器相处？在家庭教养中应重点培养孩子哪些能力？

丹尼尔·平克在《全新思维》一书中预测，21 世纪是“创感时代”，培养下一代的设计感、故事感、交响感、共情感、娱乐感、意义感十分重要，未来属于具有与众不同的创新思维的人。所以，面对即将到来的人工智能时代，家庭教养应该侧重培养孩子的以下能力：

1. 自主学习能力：学会学习

人工智能可以为孩子定制学习内容，但并不是说孩子所有的一切都能由人工智能来解决。有研究者发现，一旦人工智能普及，在学习上自觉性、行动力、执行力不强的孩子会更加被动。那些在学习上具有主动性和自律性的孩子可以很好地根据人工智能反馈的学习情况和拟订的计划一步一步执行，从而体会到学习的成就感，激发对学习的兴趣，会有更长远的进步，形成良性循环。而缺乏学习自主性的孩子很可能对学习任务敷衍了事，形成恶性循环。所以，在家庭教养中，家长要合理引导，激发孩子学习的内在动机，让人工智能为己所用、用其所长。

2. 创新实践能力：学会做事

在日常的教养过程中，家长应该支持孩子的主动探究行为，丰富的想象力能激发孩子创造出与众不同的东西，而创造力只能在尝试中感悟，引导孩子在自主活动中自行分析、解决问题，并培养相应的数据分析能力以及计算思维能力。

孩子在学习的过程中，不能只看重将来从事某种职业所需要的特有知识、技能与方法，他们真正需要的是合理的价值观、强大的创新实践思维能力等，这些都是使孩子真正“成人”并走向“终身学习”的基础性前提。

3. 自我认知能力：学会认知

人工智能带来的一大改变就是资源的极大丰富。面对超载的信息和纷繁的选择，那些能够认识自己、了解自身特点的孩子更容易脱颖而出。家长首先要让孩子真诚地面对自己：我是谁？我会做什么？我该做什么？这些初步的探索与整理，都有助于孩子寻找自身的资源与发展优势，好为日后发展定位。在个性化学习时代，如果孩子能够清楚自己的特点和目标，就能让数据和信息为自己服务，更好地利用这个时代的资源。

4. 情感处理能力：学会做人

家庭教养中不仅要重视知识技能的学习，更要重视人工智能无法替代的只有人类才具有的能力的培养，比如培养正确的情感态度、价值观，做到自尊、自信、自立、自强，充分发挥潜能，发展个性和特长，提高综合素养；学会与他人一起合作共处和生存、发展的能力，学会与大自然协调共处，学会与人工智能和其他新兴技术协调共处的能力。情感处理能力只有在日常生活中锻炼，与人的交往能力只有在不断的互动相处中提升，所以，家长应该抱持开放的心态，给孩子独立和宽松的成长环境，让孩子从小多接触、多了解身边的人、事、物，培养他们善学多思、共情的能力，才能自如地应对即将到来的人工智能时代的各类冲击和挑战。

二、婴幼儿家庭教养指导的变革方向

心理学家对婴幼儿心理的特点和规律进行了研究，发现婴幼儿在视觉、听觉、知觉等方面具有人们意想不到的能力，这些结论为婴幼儿早期教养的研究与实践提供了科学依据，也推进了婴幼儿家庭教养指导的改革。通过对近年出版的著作、媒体报道、网络资讯的综合分析，我国婴幼儿家庭教养指导呈现以下变革动向。

（一）托幼一体化

托幼一体化的进程将逐步加速。1996 年底，上海市提出“托幼一体化”的口号，部分托儿所与幼儿园之间的“围墙”被拆除，托儿所与幼儿园之间的业务交流明显增加，部分幼儿园开始进行招收 2 ～ 3 岁幼儿班的尝试。为加强早期教养，对学前教养的管理进行调整，改变分年龄段管理，即以往为 3 岁前由卫生部门管、3 岁后由教养部门管，现变革为卫生部门主管 0 ～ 6 岁儿童的卫生保健、教养部门主管 0 ～ 6 岁儿童的教养。这一重大变革使得 3 岁前婴幼儿的教养及其研究的空间被扩展。近年来，在我国一些大中城市中相继出现了 0 ～ 6 岁婴幼园、0 ～ 6 岁托幼中心等托幼一体化早教机构。党的二十大报告提出，要在幼有所育、学有所教上持续用力，建成世界上规模最大的教育体系。

（二）师资专业化

我国一些高等院校的学前教养专业已经开设早教方向，进行早教师资的专业化培养。一些教养研究机构正在研究早教教师、育婴师、家庭教养指导师的专业能力标准以及任职资格。我国将逐渐形成婴幼儿家庭教养指导的专业队伍。

（三）形式多样化

婴幼儿家庭教养指导的形式日益多样化。除了经常采用的亲子活动、讲座、咨询等形式以外，还可以利用网站、宣传橱窗、图书资料借阅等服务活动，充分与家长互动交流，促进家长掌握科学的育儿知识。还可以利用 QQ 群、微博、微信等形式进行婴幼儿家庭教养指导。

（四）内容丰富化

婴幼儿家庭教养指导的内容更丰富扎实。除了对家长进行婴幼儿营养保健知识、科学养育技巧的指导以外，还可以向家长介绍家庭文化的形成、家庭才艺培养、亲子游戏活动等内容。

（五）资源统整化

加强社区、家庭和教养机构的合作与互动，统整资源，为婴幼儿家庭教养指导服务。早教机构可以成为 0 ～ 3 岁婴幼儿娱乐、游戏的场所，一些社区优生优育服务点可成为集教养、娱乐于一体的社区非正规早期教养机构。幼儿园具有丰富和完备的教养资源，例如，有一定的建筑场地和设施，如室外活动区、大中小型玩具，开展 0 ～ 3 岁婴幼儿早期教养服务的运行成本相对较低。而从目前来看，这些建筑场地和设施、设备的利用率不高，特别是双休日、寒暑假，大多时间是闲置的。幼儿园应最大限度地开发利用物力资源，深入了解这些资源的闲置量和需求量，根据自身实际情况，适时、适度地面向社区婴幼儿和居民开放其园地场所、设施玩具等，与社区共享。

（六）研究科学化

婴幼儿家庭教养指导的研究更为科学化。研究人员将广泛吸取现代科学和技术的成果，充实、丰富婴幼儿家庭教养指导研究的理论基础。现代脑科学、社会学、生命科学、思维科学、生态学等领域的最新成果都被吸取到这些研究中去，进一步揭示婴幼儿早期发展的机制。

案例评析

张老师的班级有几个幼儿的家长频繁到外地出差，还有几个幼儿的家长长期在国外，平时都是爷爷奶奶或者保姆接送孩子。孩子的父母不放心，非常想了解孩子在园的生活与学习情况，但逐一与家长打电话介绍情况也不现实，于是张老师就创建了班级的微信群，每天 20：00—22：00 在群里发布当天孩子们在园的生活与学习情况。那些平时不能亲自接送孩子的家长，通过网络实现了与教师“零距离”的沟通，他们对“远在千里之外能看到孩子感到很欣慰”。可见，网络延长和拓展了家园沟通的时空。

评析：随着网络的迅速发展和民众媒介素养的提高，网络沟通越来越成为年轻教师和家长的选择，这是因为网络沟通具有传统沟通方式所不具备的优点，也反映了信息时代家庭教养指导的新需求、新特点。网络沟通超越了时空限制，实现了多方互动。不管是教师还是家长，都可以在自己方便的时间和地点阅读、发表或者回复班级留言，网络使人们能够及时了解、沟通和交流信息。

拓展知识

上海市教委积极探索公益免费的早教指导方式，其中“育儿周周看”是由上海市教委牵头推出的“0～3 岁婴幼儿家庭早教指导服务”系列项目之一，该项目旨在为广大 0～3 岁婴幼儿家长提供科学、专业、权威且便捷的早期教养指导，并宣传正确的育儿方法。

“育儿周周看”以最快捷、最有时效的微信公众号等形式，向家长推送科学的育儿知识与方法，每周发布一期，根据婴幼儿的周龄特点，在日常养护、亲子游戏、家长普遍关注的育儿问题等方面给予家长专业、实用的建议和指导。每期内容包括本周宝宝特点、育儿宝典（包含养育方法与游戏玩法）、育儿问答（对家长普遍关注的问题进行解答）及当月宝宝养育要点等。

同步练习

1. “互联网 +”婴幼儿家庭教养具有哪些优势？
2. 我国婴幼儿家庭教养指导呈现哪些变革方向？

我的收获

我的问题

解决办法

模拟测试

一、单选题

1. 当前我国婴幼儿家长的家庭教养内容主要偏向（　　）方面。

A. 音乐教育　　B. 认知教育　　C. 体育教育　　D. 艺术教育

2. 孩子的第一个“反抗期”是（　　）岁。

A. 1～2　　B. 3～6　　C. 0～2　　D. 2～4

3. 当前我国婴幼儿的教养状态以（　　）教育为主。

A. 散居家庭　　B. 散居早教机构

C. 散居幼教机构　　D. 集中幼教机构

4.（　　）是婴幼儿为发育最迅速、最关键的时期。

A. 1～2 个月　　B. 3～5 岁　　C. 0～3 个月　　D. 0～3 岁

二、多选题

1. 当前我国婴幼儿家庭教养指导机构以（　　）为主。

A. 社区　　B. 医院　　C. 早教园　　D. 特殊学校

2. “互联网 +”对婴幼儿家庭教养有哪些推动作用？（　　）

A. 学习的便利性与快捷性　　B. 内容的丰富性与生动性

C. 时间与成本的经济化　　D. 资源的共享性与平等化

3. 我国婴幼儿家庭教养指导呈现（　　）变革方向。

A. 托幼一体化　　B. 师资专业化　　C. 形式多样化　　D. 资源统整化

三、简答题

1. 简述“互联网 +”对婴幼儿家庭教养提出的挑战。

2. 简述我国当前婴幼儿家庭教养指导存在的问题。

3. 简述我国婴幼儿家庭教养指导的变革方向。

四、论述题

不知不觉中，我们已被互联网包围，生活方式也已经悄然发生了改变。与此同时，家庭教养也正在经历新的变革。婴儿从出生开始就生活在网络世界里，这让家庭教养面临新的挑战。请根据所学知识，论述互联网对婴幼儿家庭教养产生的影响。

参考文献

[1] 薛晋阳．0～3岁婴幼儿教养人早期教养问题的分析[D]．上海：上海师范大学，2017．

[2] 黄鹤．我国家庭教育指导的对象、渠道、内容与形式：六省市家庭教育指导现状调查的总结[J]．中国校外教育，2017（7）：1-3，5．

[3] 刘斯．0～3岁亲子园早教课程实施现状及对策研究[D]．武汉：湖北师范大学，2017．

[4] 蓝玲玉．民族地区农村婴幼儿家庭早期教育指导研究[D]．南宁：广西民族大学，2020．

[5] 龚欣．早教指导师与家长沟通的艺术[J]．教育观察，2019，8（34）：142-144．

[6] 陈红梅．孕期与学龄前儿童家庭教育指导[M]．武汉：华中科技大学出版社，2014．

[7] 文颐．婴儿心理与教育[M]．北京：北京师范大学出版社，2011．

[8] 北京市朝阳区教育委员会，北京市朝阳社区学院．让生命起航·0～3岁婴幼儿篇[M]．北京：中国商务出版社，2016．

[9] 袁萍，祝泽舟．0～3岁婴幼儿语言发展与教育[M]．上海：复旦大学出版社，2011．

[10] 埃莉诺·S邓肯．0～6岁婴幼儿的护理与早期教育[M]．林为龙，李大清，译．北京：中国和平出版社，1987．

[11] 周念丽．0～3岁儿童心理发展[M]．上海：复旦大学出版社，2017．

[12] 冯夏婷．透视0～3岁婴幼儿心理世界[M]．北京：中国轻工业出版社，2016．

[13] 赵洲红，陈君贤，马梅．19～24个月婴幼儿教养活动指导[M]．上海：复旦大学出版社，2010．

[14] 张明红．婴幼儿语言发展与教育[M]．上海：上海科学技术出版社，2017．

[15] 陈国鹏．0～3岁宝宝智能开发[M]．上海：上海科学技术出版社，2009．

[16] 李莎．优化家庭教育对幼儿心理发展指导策略[J]．心理月刊，2020，15（13）：29．

[17] 李娟．家庭教育与指导者培养探究[D]．武汉：华中师范大学，2019．

[18] 高秀洁．对2岁半～3岁半幼儿动作发展的评估研究[J]．学前教育研究，2000（5）：20-22．

[19] 蔡迎旗，谢娜．武汉市 0 ~ 3 岁婴幼儿家庭教养现状及改进建议 [J]．学前教育研究，2017（12）：37–48．

[20] 缪建东．家庭教育学 [M]．北京：高等教育出版社，2015．

[21] 万慧颖．学前儿童家庭教育 [M]．南京：东南大学出版社，2016．

[22] 郑益乐．学前儿童家庭教育 [M]．西安：西安交通大学出版社，2019．

[23] 王乃正，王冬兰，张小永．学前儿童家庭教育 [M]．北京：北京师范大学出版社，2020．

[24] 时东方，樊丽娜，金春善．教育生态视野下独生子女家庭教育现状及对策研究 [J]．长春师范大学学报，2019，38（8）：124–126．

[25] 王以新．国内家庭教育的现状及对策 [M]．青岛：中国海洋大学出版社，2003．

[26] 张蕊．30 年独生子女教育研究述评 [J]．当代青年研究，2012（8）：54–62．

[27] 孙丽华，张安然．不同家庭教养方式下二孩同胞关系的调查研究 [J]．上海教育科研，2018（8）．

[28] 陈斌斌，施泽艺．二胎家庭的父母养育 [J]．心理科学进展，2017，25（7）：1 172–1 181．

[29] 朱文婷，张明珠，洪秀敏．一孩家庭与二孩家庭幼儿人际交往能力的差异分析：基于倾向值匹配模型估计 [J]．中国临床心理学杂志，2020，28（4）：793–798．

[30] 杨菊华，何炤华．社会转型过程中家庭的变迁与延续．[J] 人口研究，2014，38（2）：36–51．

[31] 赵佳．对重组家庭儿童家庭教育问题的探讨 [J]．中小学心理健康教育，2015（1）：11–14．

[32] 何侃．特殊儿童康复概论 [M]．南京：南京师范大学出版社，2015．

[33] 中国精神残疾人及亲友协会．中国孤独症家庭需求蓝皮书 [M]．北京：华夏出版社，2014．

[34] 刘春玲，马红英．智力障碍儿童的发展与教育 [M]．北京：北京大学出版社，2011．

[35] 王红．0 ~ 3 岁婴幼儿家庭教育与指导 [M]．上海：华东师范大学出版社，2020．

[36] 晏红．幼儿园家庭教育指导形势与方法 [M]．北京：中国轻工业出版社，2013．

[37] 张家琼，李丹．0 ~ 3 岁婴幼儿家庭教育与指导 [M]．北京：科学出版社，2019．

[38] 中国教育学会．家庭教育指导手册：家长卷（学前篇）[M]．北京：人民教育出版社，2020．

[39] 季燕．学前儿童家庭教育与指导 [M]．南京：南京大学出版社，2021．

[40] 李丹．农村留守婴幼儿家庭教育：影响、困境与指导 [J]．重庆第二师范学院学报，2019，32（1）：80–83，128．